1.

(A)

Die Römer – Stammväter unserer Kultur

1. Sicherlich wisst ihr, dass im ganzen römischen Reich Soldaten ausgehoben wurden, weil die Grenzen des Reiches bedroht wurden.
2. Die Soldaten der Römer mussten oft Märsche von vielen Tagen auf sich nehmen.
3. Diese waren sehr tapfer (*wörtlich:* von großer Tapferkeit) und wurden die Herren der Welt genannt.
4. Außerdem gründeten die Römer in allen Provinzen großartige Städte und bauten breite Straßen, gewaltige Wasserleitungen und bedeutende Thermen.
5. Auch in Weißenburg können zwei Thermen betrachtet werden, die von vielen Menschen für (eben)so großartig gehalten werden wie jene Thermen der Stadt Rom.
6. Die Soldaten, die die Thermen oft besuchten, widmeten sich dort der Ruhe.
7. Sie sagten, dass sie dort frei von Sorgen sind / seien.

(B)

1. Marcus: Ecce! Hi pueri, quos in umbra illius arboris vides, amici mei sunt. Cum illis in ludum properabo. Sed primo illi senatori, qui in forum venit, hanc epistulam patris dare debeo.
2. a) conscribunt – b) committitur – c) pellam – d) pergebas
3. Weil die Römer von Angst ergriffen waren, umgaben sie das Lager mit Mauern. / Aus Angst umgaben die Römer das Lager mit Mauern. / Die Römer wurden von Angst ergriffen und umgaben deshalb das Lager mit Mauern. (Von Angst ergriffen umgaben die Römer das Lager mit Mauern.)
4. Zuerst ziehst du dich im apodyterium um. Frisch gewaschen begibst du dich ins Schwitzbad (sudatorium), anschließend ins Kaltbad (frigidarium), um dich abzukühlen. Im Warmbad (caldarium) plauderst du ein bisschen mit einem Römer, ehe du noch dem Sportplatz (palaestra) einen Besuch abstattest. Danach reist du erholt in die Gegenwart zurück.
5. z.B.: aedificare, collocare, aedificium, tectum, monumentum, aquaeductus

W0338184

2.

(A)

Auf den Spuren der Römer

1. Die Schüler erfahren, dass die Römer in Xanten ein Lager gebaut haben.
2. Deshalb können an diesem Ort viele Dinge über die Lebensweise der römischen Soldaten (kennen) gelernt werden.
3. Die Jungen und Mädchen betrachten lange Zeit Gefäße, Statuen und alte Gebäude, als der Lehrer laut ruft: „Zu den Waffen!“
4. Durch diese Nachricht werden alle erfreut. Denn der Kampf, mit dem der Tag beendet wird, wird hoch geschätzt.
5. Der eine Teil der Schüler verwandelt sich (*wörtlich:* wird verwandelt) in Germanen, der andere Teil in Römer.
6. Die Kinder wählen (*wörtlich:* machen) Jungen, die sie für tapfer halten, zu Feldherrn.
7. Dann greifen die Germanen mit energischem Gesichtsausdruck das Lager der Römer an.
8. Diese werden wenig später von den Feinden, die den Tod nicht beachten, besiegt.

(B)

1. Magister ad discipulos hoc / haec dicit: „Spectate has thermas. Thermae huius oppidi praeclarae sunt. Multi homines etiam haec monumenta magni aestimant. Videte!“ Discipuli autem his verbis non delectantur.
2. a) opus → Genitiv: operis → Akkusativ: opus → Plural: opera → Nominativ: opera
   b) civis → Dativ: civi → Ablativ: cive → Plural: civibus → Akkusativ: cives
3. a) Obwohl die Römer viele Gefahren ertrugen ... – b) Weil die Römer von den Kräften und der Tapferkeit der Germanen erschreckt (worden) waren ...
4. a) total von lat. totus, a, um: ganz – b) exerzieren von lat. exercere: üben, trainieren – c) Position von lat. ponere: (auf)stellen, (hin)legen – d) Lizenz von. lat. licet: es ist erlaubt, es ist möglich
5. Man konnte beispielsweise baden, Krafttraining betreiben, sich massieren und einsalben lassen, in den Bibliotheken lesen usw.

3.

(A)

Ein Brief aus dem Römerlager Castra Novaesia

1. Nach einer Reise von vielen Tagen bin ich schließlich nach Neuss gekommen.
2. Hier haben die Römer ein großes Lager errichtet (*wörtlich:* aufgestellt), weil sie die Angriffe der Feinde fürchteten.
3. Obwohl sie von breiten Mauern umgeben sind, haben die Soldaten dennoch Angst vor den Germanen, deren Gebiet nahe liegt.
4. Sicherlich hast du erfahren, dass sowohl die Männer als auch die Frauen der Germanen gewaltige Kräfte besitzen (*wörtlich:* von gewaltigen Kräften sind).
5. Kaufleute, die bei den Germanen ihren Geschäften nachgehen, erzählen über deren Lebensweise Folgendes:
6. „Jenen können wir keine Schmuckstücke verkaufen, weil sie Gold gering (ein)schätzen.
7. Die Germanen kämpfen immer mit größter Tapferkeit und fliehen niemals vor den Feinden."
8. Nun verstehst du sicherlich, dass die Germanen von uns für eine schlimme Gefahr gehalten werden.

(B)

1. a) Iuppiter amore incensus Europam rapuit.
   b) Scimus Orpheum uxorem desiderantem in Tartarum descendisse.
   c) Icarus ingenti laetitia captus patri non paruit.
2. a) curis carere – b) rei publicae praeerant – c) liberis consulere
   d) patri persuadere
3.

	Genitiv Singular	Dativ Singular	Akkusativ Plural
haec cura	huius curae	huic curae	has curas
ille iudex	illius iudicis	illi iudici	illos iudices

4. a) Köln – b) Trier – c) Augsburg – d) Paris
5. Die Quästoren waren zuständig für die Finanzen. – Die Ädilen kümmerten sich um die öffentliche Ordnung. – Die Prätoren sprachen Recht. – Die Konsuln hatten die Regierung inne.

4.

(A)

Der Raub der sabinischen Mädchen

1. Nachdem Romulus die jungen Männer herbeigerufen hatte, hielt er folgende Rede:
2. Froh danke ich euch; denn ihr habt diese Stadt mit Mauern umgeben, die die Feinde abhalten.
3. Auch die Feinde habt ihr niedergeworfen. Ich persönlich habe dieselben fliehen sehen.
4. Aber es schmerzt mich (*wörtlich:* ich werde mit Schmerzen versehen, weil), dass das römische Volk keine Mädchen hat.
5. Ich will nicht, dass unser Staat zugrunde geht. Ohne Frauen wird niemand für uns sorgen, ohne sie werden wir Anstrengungen und Gefahren nicht auf uns nehmen können.
6. Die Nachbarn wollen ihre Töchter lieber töten als sie mit uns verbinden, weil sie unsere Herrschaft fürchten.
7. Deshalb denkt euch irgendeine List aus!“
8. Bald luden die Römer die Mädchen des benachbarten Stammes zusammen mit ihren Vätern zu Spielen ein und raubten jene.

(B)

1. Romani ad puellas eunt. Puellae viros adeuntes effugere temptant. Primo clamant: „Peribimus!“ Sed mox maritos Romanos amabant. Itaque ab eis non abierunt.
2. a) consul ipse → Dativ: consuli ipsi → Ablativ: consule ipso → Plural: consulibus ipsis → Genitiv: consulum ipsorum
   b) aliquod iter → Akkusativ: aliquod iter → Plural: aliqua itinera → Dativ: aliquibus itineribus → Singular: alicui itineri
3. moenia: Stadtmauer – hostis: Feind – circumdare: umgeben – inimicus: z.B. Feind – opprimere: bedrohen, niederwerfen – fugere: fliehen
4. Hannibal imperator iam omnes gentes Hispaniae vicerat. / Hannibal multos elephantos Alpes traduxit. / Hannibal Romam ipsam non oppugnavit.

5.

Die falsche Deutung eines Orakels

1. In alten Zeiten fragten Männer, die an der Spitze irgendeines Staates oder Heeres standen, ein Orakel um Rat, wenn sie vorhatten, schwierige Dinge auszuführen.
2. König Pyrrhus fasste den Beschluss, die Römer anzugreifen, weil er ein sehr großes Herrschaftsgebiet (haben) wollte.
3. Deshalb versammelte er Gesandte, denen er befahl an das Orakel von Delphi heranzutreten und nach dem Ausgang des Krieges zu fragen.
4. Er selbst wollte die lange Reise nämlich nicht auf sich nehmen.
5. Der Gott antwortete den Gesandten, dass
   ... Pyrrhus die Römer besiegen könne. (So verstanden es die Gesandten.)
   ... die Römer Pyrrhus besiegen könnten. (Wahre Antwort!)
6. Weil der König den genauen Orakelspruch nicht kannte (wusste), durchschaute er die Gefahr der Worte nicht.
7. Er setzte die Hoffnung auf den Sieg, hob Truppen aus und begann den Kampf.
8. Nachdem sie lange Zeit gekämpft hatten und viele Soldaten getötet worden waren, bemerkte Pyrrhus traurig:
9. „Weder eine Hinterlist der Feinde noch der Hass der Unsterblichen hat uns zugrunde gerichtet.
10. Ich wollte lieber an den Sieg denken als an den Orakelspruch.
11. Achtet auf (*wörtlich:* vernachlässigt nicht) die Worte eines Gottes!“

6.

(A)

Ein Römer kennt keinen Schmerz!

1. Nachdem die Truppen des Porsenna vor der Stadt das Lager aufgeschlagen hatten, ereignete sich eine sonderbare Sache:
2. In der Dunkelheit trat Mucius, ein römischer Soldat, der vorhatte Porsenna zu töten, an das Lager der Feinde heran.
3. Weil er aber den Feldherrn persönlich nicht kannte, tötete er irgendeinen Gehilfen.
4. Sofort wurde Mucius gefasst, in Fesseln gelegt und zu Porsenna geführt.

5. Dieser fragte den Römer von Zorn entflammt: „Warum bist du in das Lager der Feinde gegangen? Du wirst zum Tode verurteilt werden!"
6. Mucius (sagte): „Glaubst du etwa, dass ein Römer vom Tod erschreckt wird? Ich will lieber umkommen als kein freies Leben haben!"
7. Dann legte er lachend die Hand ins Feuer.
8. Porsenna aber bemerkte, dass Mucius tapfer (*wörtlich:* von tapferer Gesinnung) war, schickte denselben weg und verließ Rom.

(B)

1. a) eidem victori – b) earundem mulierum – c) eodem exercitu – d) eandem orationem – e) idem saeculum
2.

v-Perfekt	s-Perfekt	Dehnungsperfekt
occupavi	coniunxi	excepi
repetivi	cessi	fugi

3. Romani homines magnae virtutis erant: Perire malebant quam vinci. Dicebant: „Ab hostibus opprimi nolumus. Quis imperiis inimicis parere mavult quam omnibus gentibus imperare?"
4. a) *victory* von lat. victoria: Sieg – b) *exciting* von lat. excitare: aufregen – c) *to permit* von lat. permittere: erlauben – d) *to repeat* von lat. repetere: wiederholen
5. a) 753 v.Chr.: Sagenhafte Gründung Roms
   b) 510 v.Chr.: Vertreibung des letzten römischen Königs (Tarquinius Superbus)
   c) 218-201 v.Chr.: Zweiter Punischer Krieg
6. Diesen Satz sagte Maharbal zu Hannibal, als jener die Römer bei Cannä vernichtend geschlagen hatte und vor den Toren Roms gestanden war, jedoch aus nicht bekannten Gründen die Hauptstadt des römischen Reiches nicht angegriffen hatte. Die Folgen sind bekannt: Hannibal verließ Italien und wurde in Afrika von Scipio geschlagen.

7.

(A)

Hannibal feuert seine Soldaten am Trasimenischen See an

1. Nachdem das römische Heer den Weg fortgesetzt hatte, versammelte Hannibal fröhlich seine Soldaten.
2. Dann trieb er die durch die Anstrengungen der Kämpfe unterdrückten Männer mit solchen Worten an:
3. „Es gehört sich nicht, die Hoffnung auf Rettung aufzugeben. Wenn es jemandem am Herzen liegt wegzugehen, ist es erlaubt, unverzüglich die Truppen zu verlassen und mit irgendeinem Schiff nach Hause zurückzukehren.
4. Wir aber, die wir durch Freundschaft verbunden sind, werden die Römer angreifen und zugrunde richten.
5. Denn ich selbst will, wie ich als Knabe geschworen habe, so viele Römer töten, wie ich kann. Macht mir diesen Hass nicht zum Vorwurf!“
6. Weil die Soldaten die Gesinnung des Feldherrn durchschauten, stiegen sie auf die nahen Berge und bereiteten den Römern eine Falle.

(B)

1. a) „Cur optimos viros tantis curis vexatis? – b) Cur vobis odio sum? – c) Numquam tot hostes vidi quot nunc.“
2. „Imperator nos ad aliquos montes duxit. Nunc autem aliqui Carthaginienses nobis insidias paraverunt. Aliquis audivit Hannibalem victoria iam gaudere. Ego quoque hoc ab aliquo amico accepi.“
3. a) „Victoris erit.“ – „Propinqui est.“ – „Plurimarum feminarum / mulierum fuit.“
   b) „Ich habe mich immer tapfer gezeigt.“ – „Der Feldherr sorgt für seine Leute.“
4. Fast zwei Jahrhunderte vor dem Zug Hannibals gegen Italien bedrohten Gallier aus dem Norden Rom. Nur das Kapitol konnten sie nicht erobern, weil Gänse, der Göttin Juno heilige Tiere, die Römer vor dem nächtlichen Angriff der Feinde mit ihrem Anführer Brennus warnten.

8.

(A)

Eine Reise nach Spanien

1. Während Publius und Titus im Hafen von Ostia ein Schiff besteigen, treibt ein strenger Kaufmann die rastenden Sklaven zu den Arbeiten an.
2. Nachdem das Schiff mit irgendwelchen Sachen angefüllt worden ist, beginnen alle glücklich die Reise.
3. Aber plötzlich bemerkt irgendein alter Mann, dass Titus Angst bekommen hat.
4. Deshalb ermahnt er den Jungen: „Warum hast du vor Stürmen Angst?
5. Verliere den Mut nicht. Zeige dich tapfer!
6. Denn es ist die Aufgabe der tüchtigen Seeleute, für unsere Gesundheit zu sorgen.
7. Auch dem Kapitän liegt es am Herzen, das Schiff mit höchster Umsicht zu lenken.
8. Wenn uns Gefahren quälen würden, würde derselbe unverzüglich zu Hilfe kommen."

(B)

1. „Si domi essem, magistro meo aures darem. Omnia verba eius memoria tenerem. Amici ludentes convenirent et in foro cibos bonos emere possemus. Etiam tu Romam redire malles quam iter facere."
2. „Quondam aliquae puellae Ulixem carmine vexabant. Nam in aliqua regione maris aliqui comites Ulixis subito puellas aliquid canere audiverunt. Eae in aliquibus saxis sedentes nautis perniciem paraverunt. Sed aliquo dolo Ulixes comites suos conservavit."
3. a) „Adulescentis erat / fuit." – „Honori est." – „Noli reprehendere!"
   b) „Es wird die Aufgabe eines Schriftstellers sein." – „Es war von großem Nutzen." – „Ich gehe meinen Geschäften nach."
4. ... „Habe keine Angst vor Aeolos, dem Windgott. ... ich stamme aus Pästum, einer Stadt in Unteritalien, die von Griechen gegründet wurde und ursprünglich Posidonia hieß. Den südlichen Teil von Italien nennt man wegen seiner Kolonien auch (lat.) Magna Graecia."

9.

(A)

Cicero

1. Weil es Cicero als jungem Mann am Herzen lag, sich als großartiger Redner zu zeigen, machte er eine Reise nach Griechenland.
2. Dort hielt er so wunderbare Reden in griechischer Sprache wie sie niemand jemals gehalten hatte.
3. Nachdem Cicero sich dem Staatsdienst gewidmet hatte, wurde er als Quästor nach Sizilien geschickt, wo er den Bewohnern dieser Insel von großem Nutzen war.
4. Als er später nach Rom zurückkehrte, kam er zu einem Freund, der in Kampanien wohnte, und fragte jenen:
5. „Was wird über mich erzählt? Sicherlich schätzen die Bürger meine Umsicht hoch ein."
6. Aber die Römer wussten nicht, dass Cicero in Sizilien viele lobenswerte Dinge ausgeführt hatte.

(B)

1. a) Auxilio veniunt. – b) Crimini dabitis. – c) Consules civibus providerunt.
2. a) ascenderem – b) indueretis – c) legerent – d) remisisses – e) providissemus – f) complevisset
3. a) *quality* von lat. qualis, e: wie beschaffen – b) *port* von lat. portus, portus: Hafen – c) *to sit* von lat. sedere: sitzen – d) *navy* von lat. navis, navis: Schiff (*oder* nauta: Seemann / navigare: (mit dem Schiff) fahren, segeln)
4. Nach anfänglichen Berührungsängsten erkannten die Römer, dass die Griechen ihnen in vielen Bereichen überlegen waren, z.B. in Architektur und Kunst (oder: Literatur, Mathematik, Medizin) ... In der Magna Graecia, also in Unteritalien (oder: Großgriechenland), blühte die griechische Kultur. In Pästum, früher Posidonia genannt, kann man z.B. einen um 450 v.Chr. erbauten Tempel bewundern, der wohl der Göttin Hera geweiht war.

10.

Der Mathematiker Archimedes

1. Ihr wisst, dass Archimedes ein lobenswerter Mathematiker war.
2. Der Feldherr Marcellus schätzte ihn höher als irgendwelche Philosophen.
3. Nachdem das römische Heer nach Sizilien gekommen war, trieb Marcellus die (Gesinnung der) Soldaten an:
4. „Ich werde nicht zögern, Syrakus, eine von den Griechen gegründete Stadt, zu erobern, denn es ist Aufgabe eines echten Römers, sich so tapfer zu zeigen wie die Vorfahren.
5. Kämpft deshalb mit großer Kraft, aber verletzt Archimedes nicht!"
6. Wenig später eilten die Römer mit so großem Geschrei durch die Straßen der besetzten Stadt wie Händler auf den römischen Marktplatz, als (plötzlich) zufällig irgendein Soldat den Mathematiker erblickte und jenen nach seinem Namen fragte.
7. Weil Archimedes nicht antwortete, tötete ihn der Soldat von sehr großem Zorn bewegt unverzüglich.

11.

Attentat auf einen Tyrannen

1. Einst war Dionysius, der ein Mensch von höchster Grausamkeit war, Gewaltherrscher von Syrakus.
2. Viele Einwohner waren von so großem Hass bewegt, dass sie wünschten, dass dieser durch ein Attentat umkomme.
3. Deshalb versuchte Damon ihn mit dem Schwert zu töten, aber weil er von den tapferen Wächtern gefasst worden war, wurde er in Fesseln gelegt.
4. Obwohl er fürchtete, dass der Gewaltherrscher ihm nicht verzeihe, sagte er mit tapferer Gesinnung:
5. „Wenn ich dich getötet hätte, wären alle Bürger jetzt froh.
6. Ich bin der Strafe würdig. Aber vor der Hinrichtung will ich zur Hochzeit meiner Schwester gehen.
7. Inzwischen würde mein Freund als Geisel an Stelle von mir zugrunde gehen, wenn ich selbst fliehen würde."
8. Obwohl der Gewaltherrscher ein wenig zögerte, entließ er ihn dennoch zum Haus der Schwester.

12.

(A)

Echte Freundschaft

1. Damon, der ein Mensch von höchster Kühnheit war, beeilte sich, damit sein Freund nicht hingerichtet wurde.
2. Weil er, durch irgendwelche Gefahren gehindert, nicht nach kurzer Zeit zurückgekehrt war, hatte der Gewaltherrscher vor, wie er vorher gesagt hatte, den Freund von Damon, der als Geisel zurückgelassen worden war, zu töten.
3. Endlich trat Damon, dem die Rettung des Freundes große Sorge bereitete, an den Gewaltherrscher heran und rief:
4. „Wenn mich nicht Gefahren bedroht hätten, wäre ich schon lange da. Aber wenn ich nicht zurückgekehrt wäre, wäre mein Freund zugrunde gegangen.“
5. Der Gewaltherrscher wurde von so großer Bewunderung bewegt, dass er bat, dass die Freunde ihn selbst in ihre Freundschaft aufnehmen (*wörtlich:* annehmen).

(B)

1. a) dives, divitis – b) aureus, a, um – c) crudelis, e – d) supplex, supplicis
2. a) ein trauriges Mädchen – b) ich bin zuversichtlich – c) ein sehr beschäftigter Dichter
3. a) scriberes (Konj. Impf.) – scripsisses (Konj. Plusqpf.) – b) possem (Konj. Impf.) – potuissem (Konj. Plusqpf.) – c) velletis (Konj. Impf.) – voluissetis (Konj. Plusqpf.)
4. a) „Timui, ne amicus meus fugisset. (abhängiger Begehrsatz) – b) Tanta inopia oppressus sum, ut supplex nomen amici vocarem. (Konsekutivsatz) – c) De salute adeo desperavi, ut mortem desiderarem. (Konsekutivsatz) – d) Putavi amicum meum fugisse, ut se servaret.“ (Finalsatz)
5. a) Ohr des Dionysios: riesiger Felsspalt oder Höhle in den Steinbrüchen von Syrakus, wo der Tyrann Dionysius I. seine Gefangenen belauscht haben soll.
   b) Schwert des Damokles: Damokles beneidete den Tyrannen Dionysius I. wegen dessen Reichtum. Als der Tyrann davon erfuhr, holte er ihn in seinen Palast und erlaubte ihm, sich in sein goldenes Bett zu legen und es sich gut gehen zu lassen. Damokles wünschte sich ewige Dauer dieses Zustandes, bis er merkte, dass über seinem Kopf an einem dünnen Pferdehaar ein Schwert schwebte, das gleich auf ihn herabzufallen und ihn zu töten drohte. Damit wollte der Tyrann Damokles klar machen, dass er als Tyrann nicht ein vermeintlich glückliches Leben führe, sondern ständig um sein Leben fürchten müsse.

13.

(A)

Der Dichter Ovid (*Ovidius*)

1. Wir (haben) erfahren, dass Kaiser Augustus die Sitten der Vorfahren wiederherstellte und vor allem die Jugend zu einem ehrenhaften Leben veranlassen wollte.
2. Als aber Ovid, ein hervorragender Dichter, sich nicht dem Staatsdienst widmen wollte, veranlasste nicht einmal der Vater den jungen Mann, dass jener seine Pflicht erfüllte.
3. Dennoch schuf Ovid sich mit seinen Büchern so großen Ruhm, dass gerade die Besten gerne seine Gedichte vortrugen.
4. Augustus aber fürchtete, dass die Bürger die Gedichte jenes Schriftstellers so lieben, dass sie die Frömmigkeit vernachlässigen.
5. Schließlich wurde Ovid aus der Heimat verbannt, aber er verlor niemals die Hoffnung auf Rettung.

(B)

1. a) du schicktest weg, entließt, gabst auf → Perfektstamm: dimiseras
   b) er (sie, es) würde erkennen, kennen lernen → Perfektstamm: novisset
   c) wir werden umzingeln, umringen → Perfektstamm: circumvenerimus
   d) sie stehen bevor, setzen hart zu → Perfekstamm: institerunt
2. a) frei von Furcht – b) Selbstvertrauen – c) die, welche Hilfe brauchen / benötigen – d) der Hass auf dich
3. a) Cum Octavianus adulescens necem Caesaris vindicavisset, summam potestatem petivit. – b) Quamquam in inimicos omni misericordia caruit, tamen ipse exemplum pietatis esse temptabat.
4. a) Konsekutivsatz – b) Konsekutivsatz – c) abhängiger Begehrsatz – d) Finalsatz
5. a) Augur: Wahrsager / Priester, der den Himmel beobachtete und dabei auf den Flug der Adler und Geier und auf den Schrei von Raben und Krähen achtete, um aus dem Verhalten dieser Tiere zu erfahren, ob Jupiter dem Vorhaben z.B. des Konsuls wohlwollend oder ablehnend gegenüberstand.
   b) Haruspex: Opferschauer: Priester, der die Zukunft aus der Leber – dieses Organ galt als eine Art Spiegel, in dem man den allgemeinen Zustand der Welt erblicken konnte – eines Opfertieres herauslas.

14.

(A)

Der Tod Ciceros

1. Nach dem (gewaltsamen) Tod Cäsars bemühte sich Cicero (darum), dass den Bürgern die Freiheit wiederhergestellt wird.
2. Deshalb hielt er, von großer Sorge um die Heimat veranlasst, bittere Reden gegen Antonius, der die Macht beanspruchte.
3. Als sich aber Antonius und Octavianus verbanden, beschloss Cicero aus Angst, dass er in Fesseln gelegt wird, zu fliehen, damit er nicht zugrunde gehe.
4. Sobald er gehört hatte, dass die von Antonius angeworbenen Soldaten herbeikommen, erkannte er, dass ihm höchste Lebensgefahr bevorsteht.
5. Obwohl er versuchte, mit irgendwelchen Sklaven den Feinden zu entfliehen, umzingelten ihn jene und töteten ihn mit großer Grausamkeit.
6. So schonten sie nicht einmal den Besten der Bürger.

(B)

1. a) solus, a, um: allein, einzig – b) cavere, caveo, cavi, cautum: sich hüten (vor), Vorsorge treffen – c) ultimus, a, um: der äußerste, entfernteste, letzte – d) lex, legis: das Gesetz, die Bedingung
2. abducere: wegführen / adducere: heranführen, veranlassen / conducere: zusammenführen, anwerben, mieten / traducere: hinüberführen / educere: herausführen
   afficere: versehen (mit) / interficere: töten, vernichten / perficere: erreichen, fertig stellen, vollenden
3.

	Inf. Präs.	1. Pers. Sg. Präs.	1. Pers. Sg. Perf.	PPP
zerbrechen	frangere	frango	fregi	fractum
verbannen	expellere	expello	expuli	expulsum
nehmen	sumere	sumo	sumpsi	sumptum
(genau) erfahren	comperire	comperio	comperi	compertum

4. a) temporibus antiquis – b) inter homines divites – c) vultu severo – d) adulescens virtutis egregiae
5. a) Gaius Julius Cäsar führte den sog. Julianischen Kalender ein, indem er den 1. Januar zum ersten Tag des Jahres bestimmte und die Anzahl der Tage auf 365 festlegte. So reformierte er den sehr ungenauen und komplizierten alten Kalender der Römer.

b) Idus Martiae: Iden, d.h. Monatsmitte des März, also der 15. März. An den Iden des März 44 v.Chr. wurde Cäsar ermordet.

15.

(A)

Octavianus – ein idealer Princeps?

1. „Du weißt, von wie großem Hass bewegt der junge Octavianus nach dem Mord an Cäsar gegen einige Senatoren, welche die Hoffnung auf Herrschaft nicht ablegten, gekämpft hat.
2. Denn die einen, die sich als Feinde zeigten, trieb er in die Verbannung, die anderen, die Verzeihung suchten, schonte er, weil er wünschte, dass alle seine Gerechtigkeit im Gedächtnis behalten.
3. Nun will der Kaiser erreichen, dass die Feldzeichen, die vom Feind geraubt worden sind, zurückgegeben werden und dass die Anführer der ausländischen Völker dauerhaften Frieden machen.
4. Deshalb bemüht er sich mit unglaublicher Anstrengung (darum), die Tore des Janustempels abzuschließen und von den Bürgern die Furcht vor Krieg abzuwenden.
5. Wenn der Kaiser auch vor allem das Glück des (einfachen) Volkes vermehrt, schätzen ihn dennoch auch die Adeligen hoch."

(B)

1. „Augusto bella crudelia *componenti* gratiam debemus. Imperator artes *amans* statuas egregias in Graecia *emptas* in foris collocat. Templa a fabris optimis *aedificata* magna cum diligentia restituit. Profecto princeps saluti civium *consulens* laude dignus est."
2. a) *Wortfrage*: Welcher Kaiser befahl, dass auf dem Marsfeld ein Obelisk aufgestellt wird?
   b) *Wahl*frage: Führte Augustus ein fröhliches oder ein trauriges Leben?
3. a) comparare: vergleichen – b) efficere: bewirken, herstellen – c) fingere: gestalten, sich ausdenken – d) singulus, a, um: je ein, jeder einzelne – e) trahere: ziehen, schleppen – f) tradere: übergeben, überliefern
4. a) istae nationes (Nom.) / istas nationes (Akk.): diese Völker, Volksstämme (da) (Nom. / Akk.)
   b) in eadem imagine: auf demselben Bild, Abbild

5. Auf dem Panzer der Augustus-Statue von Prima Porta ist im Zentrum des Brustpanzers Augustus zu sehen, der mit ausgestreckter Hand von einem Barbaren die den Römern entrissenen Feldzeichen zurückfordert. Auf beiden Seiten sind Frauen dargestellt, welche die besiegten Provinzen verkörpern, die Rom die Waffen übergeben, um mit Augustus Frieden zu schließen. Die Darstellungen auf dem Brustpanzer zeigen die am Frieden orientierte Politik des Augustus.

16.

(A)

Der junge Cäsar in Gefahr

1. Wer weiß nicht, wie viele Menschen von höchster Begabung Sulla zugrunde gerichtet hat?
2. Auch der junge Cäsar, der große Ehre erlangt hatte, bemühte sich vergeblich, sich vor dem Hass von diesem zu hüten.
3. Von Zorn bewegt erklärte er den Freunden seine schändliche Lage: „Ihr könnt kaum einschätzen, was Sulla von mir fordert.
4. Denn ich soll meine Ehefrau Cornelia, die Tochter von Cinna, verlassen, wenn diese mir auch am Herzen liegt.
5. Wenn ich Sulla nicht gehorche, werde ich alles verlieren.
6. Doch ich wünsche, dass es mir, nachdem ich aller Güter beraubt worden bin, gelingt, nachts aus der Stadt wegzugehen und verborgen zu sein, damit mir kein Mordanschlag (vor)bereitet wird."

(B)

1. a) Wähle keine schlechten Anführer (aus)! Cave, ne duces improbos deligas!
   b) Klagt gerechte Ritter nicht an! Cavete, ne equites iustos accusetis!
2. a) Timeo, ne hodie officia mea neglegam. – b) Vos oramus, ut fabulas miras narretis. – c) Mihi notum est, quanta diligentia dolum finxeris.
3. a) Nescio, cur leonem ceperis. – b) Nescio, ubi animalia lateant. –
   c) Nescio, quando urbem reliqueritis.
4. a) quotiens – b) captivi – c) igitur – d) calamitas
5. a) rau, streng → aspere – b) froh, fröhlich; fruchtbar → laete –
   c) schwer, gewichtig, ernst, bedeutend → graviter –
   d) glücklich, erfolgreich, glückbringend → feliciter

6. Tiberius war rechtmäßiger Thronerbe, hatte die Macht also nicht an sich gerissen. Auch ließ er sich nicht als Gott verehren und führte keine Eroberungskriege, um von innenpolitischen Problemen abzulenken.

17.

Im Schatten eines Tyrannen lebt es sich gefährlich

1. Nero meinte, dass die wachsende Macht Senecas, der den öffentlichen Geschäften weise nachging, gefährlich ist.
2. Als Seneca mit diesem, weil er den Neid des Kaisers bemerkte, ein Gespräch führte (*wörtlich:* hatte), bemühte er sich mit folgenden Worten diesen umzustimmen:
3. „Du beschenkst mich freundschaftlich so sehr (*wörtlich*: versiehst mich freundschaftlich mit so großen Geschenken), dass ich meinen Reichtum vermehre und ein angenehmes Leben führe.
4. Aber du weißt, wie schwierig es ist, dass ein reicher alter Mann ehrenhaft lebt. Deshalb will ich, da ich von der Vernunft veranlasst (worden) bin, dir freiwillig meinen Reichtum übergeben."
5. Weil der Kaiser nicht wollte, dass die Bürger glauben, dass er nach den Gütern des pflichtbewussten Mannes gierig ist, antwortete er Folgendes: „Hüte dich, mich geringzuschätzen! Fordere also nicht von mir, dass ich deinen Reichtum haben will."
6. Mit diesen Worten bemühte sich der Kaiser, seine unanständigen Pläne zu verbergen.

18.

Nero – ein wahrer Olympionike?

1. „Es ist bekannt, dass Nero sowohl Künste als auch Pferdewettkämpfe am Herzen lagen.
2. Als Seneca diesen warnte, übermäßige Zeit in unnütze Dinge zu legen, hörte der junge Kaiser, der nach Vergnügen (Pl.) begierig war, dem Lehrer nicht zu, sondern quälte weiter Lieder singend die Freunde (*wörtlich:* machte weiter, Lieder singend die Freunde zu quälen).

3. Nach dem Tod des weisen alten Mannes machte dieser eine Reise nach Griechenland und nahm, indem er Pferde lenkte, an den Olympischen Spielen teil.
4. Denn alle vier Jahre suchten die jungen Griechen Olympia auf, um bei den Spielen unglaublichen Ruhm zu erhalten.
5. Wer von euch weiß nicht, wie Nero (zum) Sieger (gemacht) geworden ist?
6. Als er, weil er aus dem Wagen herausgeschleudert worden war, den Wettkampf von Anfang wiederholte, besiegten ihn dennoch mehrere, sodass die Leute (aus dem Volk) ihn auslachten.
7. Aber Nero, der immer alle übertreffen wollte, beschloss, die olympischen Gesetze gottlos nicht zu beachten."

19.

(A)

Eine Reise nach Korinth

1. Ohne Wissen seiner Ehefrau beschloss Lucius Pictor, ein gewissenhafter Kaufmann, im Winter nach Griechenland zu segeln, um dort seinen Geschäften nachzugehen.
2. Als das Schiff mit Waren angefüllt (worden) war, erfuhr Claudia zufällig, dass der Ehemann eine Reise machen wird.
3. Da / als sie ihren Zorn nicht mehr zurückhielt, bemühte sie sich, die Einstellung des Lucius zu ändern:
4. „Zu Lebzeiten des Vaters habe ich immer deine Einsicht hochgeschätzt, weil du niemals voll von Überheblichkeit Gefahren auf dich genommen hast. Auf wessen Veranlassung hast du diesen Beschluss gefasst?
5. Aus welchem Grund willst du mich und deine Tochter bestrafen?"
6. Nach diesen Worten vertrieb Lucius die Sorgen der von Angst bewegten Ehefrau: „Ich hoffe, dass das Schiff die Reise glücklich beenden wird."

(B)

1. a) „Dei aeterni, marito consulite! – b) Providete, ut Lucius in patriam rediturus sit! – c) Metus me invadit, ut ille a piratis comprehendatur. – d) Ne obieceritis illum tempestatibus!"
2. a) luxuria: Überfluss, Verschwendungssucht – b) necessarius, a, um: notwendig – c) comprehendere: ergreifen, festnehmen, begreifen – d) divinus, a, um: göttlich

3. aestas, -atis: Sommer – facilis, e: leicht (zu tun), facile Adv.: leicht – cognoscere: kennenlernen, erkennen – gens, gentis: Familienverband, Stamm, Volk → „Im Sommer ist es leicht, so viele Leute am Strand kennenzulernen."
4. reperire, reperio, repperi, repertum (wieder)finden
corrumpere, corrumpo, corrupi, corruptum bestechen, verderben
vertere, verto, verti, versum drehen, wenden
5. Das Rätsel der Sphinx: „Am Morgen ist es vierfüßig, am Mittag ist es zweifüßig, am Abend ist es dreifüßig; doch gerade wenn es sich auf den meisten Füßen bewegt, sind seine Glieder am wenigsten kräftig und geschickt." – Lösung: der Mensch in verschiedenen Altersstufen, als Kleinkind, als Erwachsener, im Alter

20.

Verhängnisvolle Begegnung

1. Einmal warf ein Gast, der von Neid veranlasst war, dem Ödipus vor, dass er nicht der Sohn des Königs Polybos sei.
2. Nach diesen Worten fragte jener sofort die Mutter, wer sein Vater ist.
3. Als diese aber nichts erklärte, beschloss Ödipus, das Orakel um Rat zu fragen.
4. Als dieser von der Priesterin hörte, dass er seinen Vater töten und seine Mutter heiraten wird, schwor er, dass er nicht zu den Eltern zurückkehren wird.
5. Aber obwohl er von Sorge bewegt durch die Länder irrte, damit der Orakelspruch nicht vollendet wird, begegnete Ödipus seinem Vater Lajos auf einer engen Straße.
6. Als die Diener des alten Mannes forderten, dass ihnen Platz gemacht wird, gehorchte der junge Mann, der seinen Vater nicht erkannt hatte, nicht.
7. Schließlich tötete Ödipus, weil er nicht von der Straße weichen wollte, sowohl den König als auch dessen Diener.

21.

(A)

Das Experiment des Psammetichos

1. Lange meinten mehrere, dass die ägyptische Sprache die erste des Menschengeschlechts gewesen ist.
2. Deshalb befahl Psammetichos, weil er erkennen wollte, welches Wort Kinder als erstes lernen, dass zwei Jungen, während sie in einem abgeschlossenen Haus leben, von einem gewissenhaften Diener ernährt werden.
3. Dieser versprach, dass er schweigend für die Jungen sorgen werde, damit nicht irgendwelche Laute gehört werden.
4. Sein Wort haltend, gab er den Kindern, wenn die Sonne unterging, immer Nahrung und ging wenig später weg.
5. Einmal aber fingen jene plötzlich zu schreien an: „Bekos! Bekos!"
6. Nach diesen Worten sorgte der Diener dafür, dass ein Bote zum König geschickt wurde.

(B)

1. a) ohne jemandes Widerstand – b) unter der Herrschaft des Psammetichos c) nach Beseitigung (*wörtlich:* Wegnahme) der Hoffnung – d) nach Beendigung der Wettkämpfe – e) gegen den Willen der Bürger
2. a) hieme ineunte: wenn der Winter beginnt
   b) femina laborante: während / wenn die Frau arbeitet
   c) ominibus compertis: nachdem die Vorzeichen erfahren worden sind
3. a) invasurus – b) victurus – c) decessurus – d) obiecturus
4. a) repetere: wiederholen, (zurück)verlangen – b) consistere: haltmachen, sich aufstellen – c) vetare: verbieten
5. Die Redensart „Eulen nach Athen tragen" steht für eine überflüssige Tätigkeit. Auf den attischen Silbermünzen war nämlich eine Eule abgebildet. „Eulen nach Athen tragen" bedeutet demnach, Geld in das reiche Athen zu bringen, wo es ohnehin in Hülle und Fülle vorhanden war. Diese Redensart geht auf den griechischen Dichter Aristophanes zurück.
6.

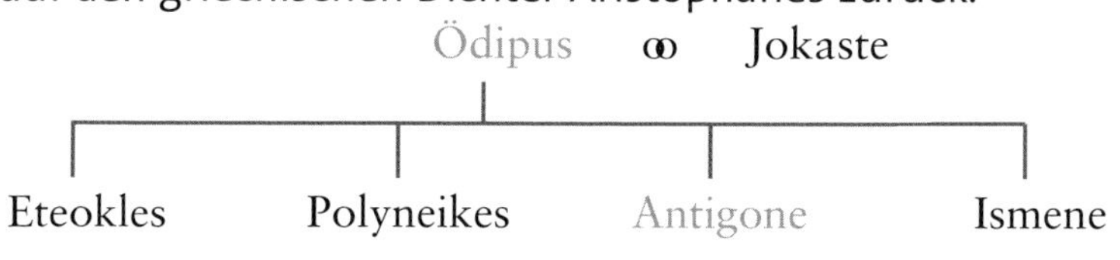

22.

(A)

Julian Apostata

1. Kaiser Julian meinte, dass die Beschäftigung mit der alten Philosophie nötig ist, aber es war ihm nicht lange möglich, sich der Wissenschaft zu widmen, weil er gezwungen wurde, Feinde vom Gebiet seiner Herrschaft abzuhalten.
2. Als die Perser die Römer angriffen, entflammte jener, erfahren im Reden, die (Gesinnung (Pl.) der) Soldaten mit großer Redegewandtheit:
3. „Furcht soll euch nicht befallen, wenn wir auch in höchster Gefahr sind! Denn die Feinde werden deswegen Rettung in der Flucht suchen, weil wir begierig (danach) sind, sie zu vernichten.
4. Möget ihr gegen die mit Schwertern und Geschossen ausgerüsteten Truppen stürmen! Bereit zu kämpfen lasst uns tapfer zur Schlacht(ordnung) vorrücken!“
5. Nachdem der Kaiser die Perser angegriffen hatte, erhielt er von einem Geschoss eine schwere Wunde.

(B)

1. a) „Der Gatte soll immer seine Gesundheit berücksichtigen!
   b) Er möge sich lieber zurückziehen als Gefahren auf sich zu nehmen!
   c) Wäre er doch nicht nach Gallien gekommen!“
2. a) Die Diebe fassten den Beschluss, die Rinder zu rauben.
   b) Sie nahmen auch Statuen aus dem Haus weg.
3. a) du trägst, bringst, erträgst
   b) er (sie, es) wird (herbei)gebracht, mitgebracht, gemeldet werden
   c) sie wurden (zurück)gebracht, berichtet
   d) ihr tragt hinein, fügt zu
   e) sie waren (über)bracht, ertragen worden
4. quamquam – quamvis – cum
5. Koronarre-serve ← servare bewahren, retten
   Differenz ← differre aufschieben, sich unterscheiden
   maximal ← maximus, a, um der größte, sehr groß
6. Da vor Karl dem Großen der kulturelle Stand im Reich niedrig war und selbst viele Adelige nicht lesen und schreiben konnten, richtete Karl eine Hofschule ein. Er holte mit Alkuin, Petrus von Pisa und Paulus Diaconus drei hervorragende Wissenschaftler an den fränkischen Hof, die Lehrbücher für

den Unterricht schrieben und daneben theologische, poetische und historische Werke verfassten. Die Hofschule, an der Karls Kinder sowie viele adelige junge Männer erzogen wurden, war Vorbild für die Klosterschulen im ganzen Land.

23.

(A)

Kaiser Konstantin

1. Die alten Schriftsteller berichten, dass mehrere Kaiser den Christen Unrecht zugefügt haben.
2. Denn sehr viele Christen waren, weil sie die Opfer vernachlässigten, in höchster Gefahr, (so lange) bis Konstantin seine Einstellung änderte, als Maxentius ihn angriff.
3. Konstantin nämlich setzte, weil er fürchtete, dass sein Heer besiegt wird, seine Hoffnung nicht auf die Götter, sondern auf Christus, weil er das Zeichen Gottes im Schlaf gesehen hatte.
4. Deshalb rief er die Soldaten am folgenden Tag mit ungefähr folgenden Worten an:
5. „Möge ich Maxentius den Sieg mit göttlicher Hilfe entreißen! Die Gegner sollen Rettung in der Flucht suchen!“
6. Dann rückten die Soldaten unverzüglich zur Schlacht vor.

(B)

1. a) durch die Vernachlässigung der Gesetze (auch Dat.) – b) die Fähigkeit / die Möglichkeit zu entfliehen, zu entkommen – c) die Kunst des Redens – d) begierig vorzurücken – e) die Freiheit des Trinkens / zu trinken (auch Abl.: durch die Freiheit ...) – f) durch Schweigen (auch Dat.)
2. a) Lasst uns die Pflichten erfüllen! – b) Mögest du den Lehrern gehorchen! c) Das mögen die Götter gut wenden! – d) Hättet ihr doch viele Sprachen gelernt! – e) Es soll auch die andere Seite gehört werden!
3. a) Erzählt, wann ihr nach Hause zurückgekehrt seid!
   b) Ich weiß nicht, ob du den Freunden zu Hilfe kommst oder zu Hause bleibst.
4. a) (über)bringen, ertragen
   b) (herbei)bringen, mitbringen, melden
   c) hineintragen, zufügen

5. a) Augustus – Tiberius – Caligula – Claudius – Nero
   b) Soldatenkaiser: Zwei Jahrhunderte nach Augustus kamen meist angesehene Offiziere des Heeres auf den Kaiserthron, z. B. Maximinius Thrax.
6. Pfalzen: königliche Musterhöfe, die den Kaiser und sein Gefolge beherbergten und den Raum für seine Amtshandlungen bereitstellten. Dort fanden Festlichkeiten, Versammlungen und Gerichtstage statt. Da mittelalterliche Herrscher wie Karl der Große meist keine feste Residenz hatten, zogen sie von Pfalz zu Pfalz.

24.

(A)

Auf wen ist Verlass?

1. Ein König, der drei Töchter hatte, war in höchster Gefahr, weil er eine schwere Niederlage erlitten hatte (*wörtlich:* mit einer schweren Niederlage versehen worden war), als Feinde ihn angegriffen hatten.
2. Als er Gesandte zu seinen Töchtern geschickt hatte, in der Hoffnung, dass sie ihm Hilfe bringen werden, hatte als einzige die dritte Tochter die Absicht, den Vater zu unterstützen.
3. Bald darauf berichteten die Gesandten dem König Folgendes: „Gib die Hoffnung auf Rettung nicht auf! Von deiner Tochter wird dir die Möglichkeit dieses Unrecht zu bestrafen gegeben.
4. Denn auf Befehl deiner Tochter werden sehr viele Soldaten, die mit Geschossen ausgerüstet sind, dir Schutztruppen sein!"
5. Nachdem diese Nachricht herbeigebracht worden war, lobte der König von Freude bewegt die Tochter.

(B)

1. a) „Die tapferen Soldaten waren bereit zu kämpfen, wie ich versprochen hatte.
   b) Denn ich hatte den Beschluss gefasst, die Heimat zu verteidigen.
   c) Nun ist es Zeit, den Göttern zu danken."
2. suscipiam – perspexerimus – egeris – veniam
3. Karl der Große unterstützte wiederholt den Papst. So brachte er Papst Hadrian gegen die Langobarden, die auch Rom bedrohten, Hilfe und gewährte Hadrians Nachfolger, Papst Leo III., nachdem ein Attentat auf diesen verübt worden war, Schutz in Paderborn, bevor er ihn wieder unter Bewachung

nach Rom bringen ließ. Als Karl ihm 800 n.Chr. in Italien erneut zu Hilfe kam, krönte ihn der Papst am Weihnachtstag zum Kaiser des römischen Reiches.

4. a) celere b) nam c) fuga
5. *senti* von lat. sentire: fühlen, meinen, wahrnehmen – *fame* von lat. fames: Hunger – *spero* von lat. sperare: erwarten, hoffen – *fatto* von lat. facere, facio, feci, factum: machen, tun, handeln → „Höre, Mama, ich habe Hunger. Ich hoffe, dass du (Lebensmittel) eingekauft hast."
6. Um das riesige Gebiet des Römischen Reiches optimal verwalten zu können, teilte Kaiser Diokletian sich das Imperium mit seinen drei Mitkaisern Maximian, Galerius und Constantius. Entsprechend der Zahl der Herrscher nannte man sie Tetrarchenkaiser. Doch unter ihren Nachfolgern kam es zu Machtstreitigkeiten. So schaltete Constantinus seine Konkurrenten, z.B. Maxentius, aus und herrschte als einziger Kaiser über das gesamte Reich. Anstelle des alten Byzanz gründete er schließlich 330 n.Chr. das nach ihm benannte Konstantinopel.

25.

(A)

Tsunami

1. Wem entgeht es denn, wie viele Menschen in sehr schönen Ländern Ruhe suchen?
2. Auch als dieses Jahr zu Ende ging, kamen sehr viele Menschen ohne Kenntnis des zukünftigen Unglücks in den am Indischen Ozean gelegenen Gegenden zusammen, um sich Vergnügungen zu widmen.
3. An den Stränden sprangen viele Kinder ins Meer hinein und ließen keine Gelegenheit aus zu spielen.
4. Aber die bis jetzt ziemlich sicheren Buchten verwandelten sich in verwüstete Orte, nachdem wegen eines Erdbebens Bergen sehr ähnliche Wellen an die Strände gestürzt waren und Tausende von sehr unglücklichen Menschen niedergeworfen hatten.
5. (Zu) spät ist die Nachricht in die benachbarten Gegenden gebracht worden.

(B)

1. a) eine uralte Stadt – b) steinreiche Menschen – c) ein bärenstarker Mann – d) haus- / turmhohe Wellen
2. a) parvus ↔ magnus – b) nobilis ↔ ignobilis – c) immortalis ↔ mortalis
3. a) Nihil indignius est morte crudeli. Nichts ist unwürdiger als ein grausamer Tod.
   b) Nihil turpius fuit conspectu corporum. Nichts war schändlicher als der Anblick der Leichname.
4. a) sapiens – sapientior – sapientissimus – b) bonus – melior – optimus – c) multi – plures – plurimi – d) malus – peior – pessimus
5. a) ein schnelleres / ziemlich schnelles / (all)zu schnelles Pferd
   b) durch leichtere / ziemlich leichte / (all)zu leichte Aufgaben (auch Dat.)
   c) auf einer engeren / ziemlich engen / (all)zu engen Straße
6. a) Rhein – b) Donau – c) Elbe
7. Cäsar ließ, um die Stadt Alesia, die auf einer hohen Bergkuppe lag, einzuschließen, acht Lager aufschlagen und durch Wall und Graben verbinden. In einer Entfernung von 600 Metern wurden zwei Gräben gezogen. Hinter den beiden Gräben wurde ein hoher Belagerungswall mit Türmen errichtet. Nach mehreren Wochen machten die ca. 80000 eingeschlossenen Gallier, die durch eine Hungersnot in Bedrängnis waren, einen Ausfall und wurden von den Römern besiegt.

26.

(A)

Land in Sicht

1. „Von meinem Großvater hörte ich immer wieder, dass einige Seeleute die Anstrengungen einer sehr langen Reise auf sich genommen haben.
2. Als sie, während sie ein unbekanntes Meer durchquerten, fast an Hunger zugrunde gegangen waren, erblickten jene schließlich von fern eine einzigartige Insel.
3. Niemandem entging, dass diese Insel schöner war als die meisten.
4. Sofort beschlossen sie von größter Freude bewegt die wunderbare Insel aufzusuchen, weil sie Speisen erhalten wollten.
5. Nachdem starke / zuverlässige Wachposten in der Bucht zurückgelassen worden waren, sprangen die Seeleute sehr schnell vom Schiff herab, betraten

die Insel und nahmen mit geradezu unglaublicher Tapferkeit viele Gefahren auf sich.

6. Tatsächlich fanden die Glücklichen nicht nur Speisen, sondern auch gewaltigen Reichtum."

(B)

1. Viderunt plurima saxa, animalia ferissima, arbores altissimas, flumina longissima, agros latissimos. Sie sahen sehr viele Felsen, sehr wilde Tiere, sehr hohe Bäume, sehr lange Flüsse und sehr breite Äcker.
2. a) Provincia Gallia Narbonensis
   b) 55 v.Chr. überquerte Cäsar den Ärmelkanal und landete in Britannien. Obwohl mit den dortigen Stämmen Frieden geschlossen wurde und römische Kaufleute die Handelsplätze nutzten, kam es immer wieder zu Überfällen. Auch der Nachschub aus Gallien über das Meer war wegen Stürmen schwierig. Erst 43 n.Chr. wurde der südliche Teil Britanniens erobert und zur Provinz erklärt. 83 n.Chr. drangen die Römer unter dem Statthalter Agricola siegreich bis zum schottischen Hochland vor. Kaiser Hadrian (76-138 n.Chr.) ließ die Grenze nach Norden durch den 127 n.Chr. vollendeten sog. „Hadrianswall" sichern.
3. a) „Die Seeleute erfüllten ihre Pflichten standhaft.
   b) Einige Männer übertrafen die übrigen an Tapferkeit.
   c) Aber niemand war tapferer als der Kapitän."
4. a) melius – b) quam diligentissime – c) vehementissime
5. „Scriptores quidam narrant Arionem quendam de nave quadam in mare vastum desiluisse. Nam a viris quibusdam cupidis pecuniae suae oppressus est. Mira quadam ratione a delphino servatus est."

27.

(A)

Die Griechen – Vorbilder in vielen Bereichen

1. Einmal behauptete irgendein Lehrer, dass niemand nach der Wissenschaft begieriger und gelehrter ist als Hadrian.
2. Obwohl er diese Worte nicht für gut befand, schwieg Antinoos zuerst länger, schließlich antwortete er dem Lehrer, während Hadrian ihm zuhörte, ziemlich energisch Folgendes:

3. „Wer weiß denn nicht, dass Hadrian durch seine Bildung und seinen Charakter bedeutender ist als die übrigen Römer, dass aber die Griechen ihn an einigen Leistungen übertreffen? Vernachlässige also jene nicht!
4. Denn jene sind größten Ruhmes würdig, weil viele griechische Philosophen von geradezu unglaublicher Einsicht und einzigartiger Begabung waren (geradezu unglaublich einsichtig und einzigartig begabt waren)."
5. So hob Antinoos die Griechen mit großartigem Lob in die Höhe.

(B)

1. a) Quod Hadrianus putavit se ipsum peritissimum omnium artium esse, viros doctissimos laudavit.
   b) Omnes, qui villam amplissimam Hadriani intraverunt, vel maximas statuas vel imagines pulcherrimas aspexerunt.
2. Kaiser Hadrian war des Lobes würdig, ...
   a) ... weil er in den Künsten erfahren war.
   b) ... weil er ohne Kenntnis von Verbrechen war.
   c) ... weil er sehr viele Anstrengungen auf sich nahm.
3. Hadrian meint, dass er weiser ist als alle, weil er starke Legionen hat.
4. a) Hadrianus peritus rem publicam regendi fuit.
   b) Imperator occasionem virtutem petendi non omisit.
   c) His de causis leges conservandi cupidus fuit.
5. a) vicus: Dorf, Gasse – b) portus: Hafen – c) castra: Lager
6. Critognatus lehnt eine Kapitulation der Stadt Alesia ab, weil damit ganz Gallien in Roms Hand gespielt werde und ewige Knechtschaft (servitus) drohe. Er fordert die Eingeschlossenen auf, ihre Stadt und ihre Freiheit tapfer zu verteidigen, die Not zu ertragen und gegen die Römer zu kämpfen.

28.

(A)

Die Germanen verbreiten Angst und Schrecken

1. Einige Schriftsteller überliefern, dass die Germanen mit geradezu unglaublicher Tapferkeit sehr große Gefahren auf sich genommen haben.
2. Auch Cäsar meinte, dass er sie nicht sehr schnell niederschlagen wird.
3. Denn während jener sich in Gallien aufhielt, kamen mehrere Gesandte der Gallier bei jenem zusammen aus Furcht, dass die Germanen alle Gallier angreifen.

4. Da diese meinten, dass nur Cäsar sie sichern und die Germanen in die Flucht schlagen kann, brach jener mit seinen Reitern auf, um die Germanen, welche die benachbarten Gallier angriffen, zu verfolgen.
5. Deshalb ermahnte er die Soldaten mit folgenden Worten: „Wir werden niemals zulassen, dass die Feinde, die eine List gebraucht haben, ihre Wohnsitze verlassen."

(B)

1. a) Cäsar meinte, dass seine Legionen die Germanen unterwerfen. → arbitratus est / ratus est
   b) Aber ein wenig später fürchtete er, dass die Germanen ziemlich / (all)zu tapfer sind. → verebatur
   c) Deshalb mahnte er die Soldaten, dass sie den Spuren der Feinde folgen. → hortabatur
2. a) tacere – b) moneris
3. a) Utinam consilio bono utaris! – Mögest du einen guten Rat gebrauchen! / Hoffentlich gebrauchst du einen guten Rat!
   b) Omnes *imperia* sequantur! – Alle sollen den Befehlen folgen!
   c) Ne oblitus sis *officiorum*! – Vergiss die Pflichten nicht!
   d) *Curas* questi sumus. Wir haben uns über die Sorgen beklagt.
4. Die Dichterin Sappho wurde um 630 v.Chr. als Adelige auf der Insel Lesbos geboren und wohnte meist in der Stadt Mytilene. Unter dem Tyrannen Myrsilos musste sie als Verbannte in die Stadt Syrakus auf Sizilien fliehen. Auf Lesbos hatte sie eine Art Schule für adelige junge Mädchen.
5. Unter Hellenismus versteht man die Verbreitung der griechischen Zivilisation in der östlichen Welt. Dieser wurde von Alexander dem Großen eingeleitet, der, nachdem er beinahe den gesamten Orient erobert hatte, 323 v.Chr. mit 33 Jahren starb.

29.

(A)

Griechen gegen Perser

1. Es ist bekannt, dass die Griechen die Perser bei Marathon besiegt haben.

2. Deshalb beschloss Xerxes, der jenen Kampf nicht vergessen hatte, mit einem gewaltigen Heer nach Griechenland aufzubrechen und alle Griechen mit Hass zu verfolgen.
3. Als die Perser fast ganz Griechenland unterworfen hatten und die Griechen nicht mehr zum Kampf bewegt werden konnten, forderte Themistokles, der sich politisch betätigte, die Soldaten mit folgenden Worten auf:
4. „Beklagt euch über das Unglück der Gemeinden nicht! Denn auf Veranlassung der Götter werden wir die Heimat vor der bedrängenden Gefahr schützen, damit wir dauerhafte Freiheit erreichen.
5. Deshalb lasst uns die Feinde angreifen, indem wir höchste Tapferkeit gebrauchen, damit die Perser viele Verluste erleiden!"

(B)

1. a) Persae ante muros versantes parati sunt ad aggrediendum.
   b) Veremur, ne hostes urbem ingrediantur.
2. a) (Es gibt) nichts Neues unter der Sonne. – b) Welchen Plan / Entschluss hast du gefasst? – c) Ich habe sehr viel Arbeit auf die Wissenschaft verwendet. – d) Wer von euch ist zornig? – e) Hast du viel Zeit zum Reden?
3. a) Colloquium: Gespräch; von lat. colloqui – b) Querulant: jemand, der sich beklagt; von lat. queri – c) Sequenz: Abfolge; von lat. sequi
4. a) ad hortandum – b) hortantes – c) hortatus es
5. Parallelismus bei den Akkusativobjekten und Verben – Asyndeton – Klimax bei den Mengenangaben / Akkusativobjekten
6. Der Makedonenkönig Alexander fühlte sich mit den Helden des Mythos auf einer Stufe und verglich sich mit Herkules und vor allem mit Achill. Bei der Lektüre der *Ilias* hatte er, angeleitet durch seinen Lehrer Aristoteles, den homerischen Grundsatz „immer der erste zu sein" kennengelernt und wetteiferte in seinem Drang, fremde Gebiete zu erobern, mit seinen Vorbildern.

30.

Alexanders Badeunfall

1. Einmal erfrischte Alexander, nachdem ein langer Marsch gemacht worden war / nach einem langen Marsch, in einem Fluss seinen Körper, als er plötzlich seine Kräfte verlor.
2. Deshalb trugen die Freunde den König in das Zelt und holten die Ärzte, die

sich im Lager aufhielten, aus Furcht, dass Alexander stirbt.

3. Von der Traurigkeit der übrigen in Verwirrung gebracht sagte einer der Freunde Folgendes: „Nachdem Griechenland unterworfen worden war, gestand Alexander uns, dass er gegen die Perser aufbrechen wird.
4. Wir versprachen dem König, dass wir ihm zu den Enden der Welt folgen werden.
5. Aber wie werden wir die Truppen der Feinde besiegen, wenn Alexander umgekommen ist / umkommt?“
6. Am folgenden Tag öffnete Alexander die Augen und fragte seine klagenden Freunde, warum sie traurig (um) sein Bett (her)umstehen.
7. Wenig später ermunterten die Freunde den König vergeblich, dass er ausruht und seine Gesundheit schont.

31.

(A)

Der Zensor Cato – ein besorgter Vater

1. Es würde zu weit führen zu erzählen, wie große Sorgfalt Cato beim Denken und Handeln gezeigt hat.
2. Niemand zweifelt daran, dass jener nach Beendigung der Kriege seinen Sohn sehr gut erzogen hat.
3. Denn Cato trieb ihn dazu an, sich richtig zu verhalten.
4. Deshalb schrieb jener in Erinnerung an alte Gewohnheiten seinem Sohn Folgendes vor: „Ich bitte dich, dass du dich zu meinen Lebzeiten darum bemühst, dass du überaus tüchtig (*wörtlich:* von höchster Tüchtigkeit) bist.
5. Was auch immer ehrenhaft und gerecht scheint, mögest du bei dir überlegen und durch sorgfältiges Lernen im Gedächtnis behalten!
6. Je mehr du von gelehrten Männern hörst (gehört hast), desto eher (mehr) wirst du geeignet sein, die Taten der Vorfahren nachzuahmen.“

(B)

1. a) A scriptoribus quibusdam Romanis comperimus Catonem quacumque ratione studuisse ad rem publicam accedere.
b) Quicumque librum a Catone de aliquibus rebus rusticis scriptum legit, multa discit.
c) Vix cuiquam contingat, ut omnes libros a Catone „Origines“ appellatos cognoscat.

2. a) nach dem Hin- / Wegführen der (Kriegs-)Gefangenen
   b) beim Aufbruch der Soldaten
   c) nach der Entsendung eines Gesandten
3. a) Höhe, Tiefe – b) Vernachlässigung, Nachlässigkeit – c) Kürze – d) Unkenntnis, Nichtwissen – e) Leichtigkeit, Leichtsinn
4. a) exakt: genau, „vollendet“ von exigere, exigo, exegi, exactum: (ein)fordern, vollenden – b) Orient: Morgenland, Osten von oriri: entstehen, sich erheben (sc. Sonne!) – c) Präferenz: Vorzug von praeferre: vorziehen – d)Visite: Besuch von visere: besichtigen, besuchen – e) Progression: Fortschritt von progredi, progredior, progressus sum: vorrücken, weitergehen
5. Elementarschule (im Alter von ca. 7 bis 11 Jahren), Literaturschule beim grammaticus (im Alter von 11 bis 15 Jahren), Rhetorenschule (ab dem 16. Lebensjahr)

32.

(A)

Gefahr für die römische Jugend?

1. Unter dem Konsulat des M. Claudius Marcellus schickten die Athener drei sehr berühmte Philosophen nach Rom.
2. Während die Gesandtschaft sich in der Stadt aufhielt, vermuteten einige, dass der Philosoph Karneades die (Gesinnung (Pl.) der) jungen Männer durch seine unglaubliche Kraft des Redens verdirbt.
3. Denn während die Senatoren zuhörten, zog jener zuerst die Gerechtigkeit allen Dingen vor, indem er gerechte Taten mit großer Redegewandtheit lobte; aber am folgenden Tag behauptete er Entgegengesetztes.
4. Darauf wünschte Cato, in der Meinung, dass diese Reden der Jugend nicht nützen, dass die Philosophen aus Rom vertrieben werden.
5. Deshalb flehte er die Senatoren mit folgenden Worten an: „Wer zweifelt wohl daran, dass Karneades unsere Söhne durch ein schlechtes Beispiel zum Unrechttun antreibt?“

(B)

1. b) de amicis deligendis – c) de virtute petenda – d) de gloria / laude paranda / parienda
2. a) Deliberativ: Was soll ich nun tun?
   b) Prohibitiv: Schweig nicht!
   c) Potentialis: Kaum einer glaubt wohl, dass Kinder Fehler bewundern.
3. c) oritur – e) fatendo – i) progressi sunt
4. a) occasio auxilii ferendi – b) exemplo praebendo
5. a) *peccato* von peccare: einen Fehler begehen, sündigen – b) *pregare* von precari: bitten – c) *cosa* von causa: Sache, Ursache, Grund; Prozess – d) *fuori* von foris: außerhalb, draußen, im Krieg
6. Humanismus ist eine geistige Bewegung, die entsprechend dem Ideal der humanitas eine umfassende Bildung, welche an den Lateinschulen und Universitäten vermittelt wurde, und eine menschenwürdige Lebensgestaltung erstrebte. Latein wurde als lebendige Sprache verwendet, die man verstehen und sprechen musste.
7. Förderung der humanitas, Lernen von Gemeinschaftssinn, Schließen von Freundschaften, Wecken von Konkurrenzdenken (Motivation)

33.

(A)

Schule – mehr Last als Lust?

1. Viele Schüler suchen nicht gern die Schule auf, weil sie meinen, dass zu große Anstrengungen ertragen werden müssen.
2. Deshalb beklagen sich die Kinder oft, dass sie sowohl durch das Lernen von verschiedenen Sprachen als auch durch die Beschäftigung mit der Wissenschaft von Vergnügen abgehalten werden; denn sie sind gezwungen, die Zeit auf viele Bücher zu verwenden, welche die Lehrer ihnen zum Lesen geben.
3. Immer wieder kommen die Schüler zu im Unterrichten erfahrenen Lehrern um zu fragen, was auch immer sie nicht verstehen.
4. Also muss von den Lehrern beständig dafür gesorgt werden, dass die Kinder ihre Pflichten nicht vernachlässigen.
5. Auch von den Eltern muss dafür gesorgt werden, dass die Schüler mit Lob ermuntert werden, Fehler zu vermeiden.

(B)

1. Cuicumque est voluntas sane vivendi, corpus ambulando exerceat! Praeterea ille occasione nonnullas horas quiescendi utatur! Postremo studeat, ut non solum corpus, sed etiam animum exerceat libros legendo!
2. a) Ihr besten Götter, möget ihr uns bewahren!
   b) Was sollen wir uns ausdenken, damit wir Strafen vermeiden?
   c) Es hätte sich gehört, dass wir sorgfältig lernen.
3. a) nachahmenswerte Beispiele
   b) ein erwähnenswerter Plan
   c) ein besuchenswerter Platz
4. a) Aufgaben dürfen nicht aufgeschoben werden.
   b) Feinden muss verziehen werden.
   c) Gesetze dürfen nicht vernachlässigt werden.
5. Faulheit der Jugend, Nachlässigkeit der Eltern, Unkenntnis der Lehrer (vgl. 73 L)
6. Mittelalterliches Schulbuch, das im Anfangsunterricht verwendet wurde, um Latein zu lernen. Mit einfachen Sätzen lernte man so die Konjugationen und Deklinationen sowie die Syntax.

34.

Diogenes – ein geeigneter Lehrer

1. Wer weiß wohl nicht, wie Diogenes vielen Menschen durch Ermahnen und Kritisieren genützt hat?
2. Dadurch veranlasst übergab ein gewisser Xeniades aus Korinth dem Diogenes seine Kinder zum Erziehen.
3. Jener lehrte diese in Erinnerung an ein ehrenhaftes Leben nicht nur verschiedene Fertigkeiten, wie z.B. die Fertigkeit gut zu reden, sondern auch reiten und Geschosse werfen.
4. Andererseits erlaubte Diogenes nicht, weil er meinte, dass für die Gesundheit der Schüler gesorgt werden müsse, dass ihre Körper durch zu große Anstrengung geübt / trainiert werden.
5. Außerdem unterrichtete der weise Lehrer, der gestand, dass er, begierig danach, ein einfaches Leben zu führen, all seinen Besitz mit sich trage, auch die Schüler, mit leichter Nahrung und mit reinem Wasser zufrieden zu sein.
6. Auf Veranlassung von Diogenes lernten die Kinder schließlich, dem Willen der Eltern zu gehorchen.

FELIX Neu

Prüfungen 2

C.C. Buchner

Unterrichtswerk für Latein

FELIX Neu

Herausgegeben von
Clement Utz und Andrea Kammerer.

Prüfungen 2 wurde erarbeitet von
Diana Lohmer-Lößl und Sabine Rumpler.

Über weiteres fakultatives Begleitmaterial zu FELIX NEU informiert Sie
C.C. Buchners Verlag · Postfach 1269 · D 96003 Bamberg.

BAMBERGER WORTSCHATZ

1. Aufl. 1 [5 4 3 2 1] 2015 14 13 12 11
Die letzte Zahl bedeutet das Jahr dieses Drucks.
Alle Drucke dieser Auflage sind, weil untereinander unverändert, nebeneinander benutzbar.

Dieses Werk folgt der reformierten Rechtschreibung und Zeichensetzung. Ausnahmen bilden Texte, bei denen künstlerische, philologische oder lizenzrechtliche Gründe einer Änderung entgegenstehen.

www.ccbuchner.de

Layout und Satz: i.motion gmbh, Bamberg
Druck und Bindung: creo Druck & Medienservice GmbH, Bamberg

C.C. Buchner ISBN 978-3-7661-**7576**-2

Amor et labor vincent omnia.

Liebe Schülerinnen und Schüler,

wer schon einmal einen Berg erklommen hat, weiß, wie anstrengend dies sein kann und wie viel Begeisterung, aber auch Durchhaltevermögen dafür nötig sind.

Latein ist gleichsam ein Berg, ein *mons*, der *labor* (Anstrengung), aber auch *amor* (Begeisterung) verlangt. Dieses Heft mit Prüfungsaufgaben soll euch dabei helfen, die an euch gestellten Anforderungen möglichst gut vor Prüfungsarbeiten zu trainieren.

Wenn ihr alle Übungen im Textband und im Arbeitsheft von FELIX NEU erledigt habt, könnt ihr nun zur Vorbereitung auf Klassenarbeiten die 34 Prüfungsaufgaben des vorliegenden Heftes bearbeiten. Diese umfassen – wie die Wiederholungslektionen – den Stoff mehrerer Lektionen. Der Stoffumfang ist bei jeder Aufgabe angegeben.

Die reinen Übersetzungen, die eine Länge von ca. 90 Wörtern haben, solltet ihr innerhalb von 45 Minuten erledigen können.

Die zweigeteilten Aufgaben setzen sich aus einem etwas kürzeren Übersetzungstext und verschiedenen Übungen zur lateinischen Sprache, zur antiken Kultur und zum Grundwissen zusammen, sodass ihr euer Wissen an vielfältigen Vorbereitungsübungen trainieren könnt.

Die Lösungen zu allen Aufgaben findet ihr im beiliegenden Lösungsheft.

Jetzt aber an die Arbeit. Testet eure Sicherheit.

A Die Römer – Stammväter unserer Kultur

1. Certe scitis toto imperio Romano milites conscriptos esse, quia fines imperii opprimebantur.
2. Milites Romanorum saepe itinera multorum dierum suscipere debuerunt.
3. Ii magnae virtutis erant et domini orbis terrarum dicebantur.
4. Romani praeterea in omnibus provinciis oppida praeclara condiderunt, latas vias, ingentes aquaeductus, grandes thermas aedificaverunt.
5. Biricianae quoque duae thermae spectari possunt, quae a multis hominibus tam praeclarae quam illae thermae urbis Romae putantur.
6. Milites thermas saepe visitantes[1] ibi otio se dabant.
7. Dicebant se illic liberos a curis esse.

... und uns haben sie neben den technischen Errungenschaften eine angenehme Methode der Entspannung hinterlassen.

B Zusätzliche Aufgaben

1. Ersetze das Wort in den Klammern durch die richtige Form von hic, haec, hoc bzw. ille, illa, illud. (5 BE)

   Marcus: Ecce! (Diese) pueri, quos in umbra (jenes) arboris vides, amici mei sunt. Cum (jenen) in ludum properabo. Sed primo (jenem) senatori, qui in forum venit, (diesen) epistulam patris dare debeo.

2. Setze die Verben in die entsprechenden Formen des Präsensstamms. (4 BE)

   a) conscripserunt
   b) commissum est
   c) pepulero
   d) perrexeras

[1] vīsitāre *besuchen*

3. Überlege dir für den folgenden Satz drei verschiedene Übersetzungsmöglichkeiten. (6 BE)

   Romani timore capti castra moenibus circumdederunt.

4. Stell dir vor, du machst eine Zeitreise und genießt wie die alten Römer das antike „Wellness"-Angebot. (5 BE)

   Zuerst ziehst du dich im ? um. Frisch gewaschen begibst du dich ins Schwitzbad (= lat. ?), anschließend ins Kaltbad (= lat. ?), um dich abzukühlen. Im Warmbad (= lat. ?) plauderst du ein bisschen mit einem Römer, ehe du noch dem Sportplatz (= lat. ?) einen Besuch abstattest. Danach reist du erholt in die Gegenwart zurück.

5. Finde vier lateinische Wörter, die zum Sachfeld „Bauwerke" und „erbauen" gehören. (4 BE)

Rekonstruktion des Warmbades der Caracalla-Thermen in Rom.

Umfang: 77 lat. Wörter + 24 BE

A Auf den Spuren der Römer

Schüler (lat. disciputi) besuchen mit ihrem Lehrer (lat. magister) die Römerstadt Xanten (Colōnia Ulpia Trāiāna) und dürfen schließlich sogar eine „original" römische Schlacht nachspielen.

1. Discipuli Romanos Coloniae Ulpiae Traianae castra aedificavisse accipiunt.
2. Itaque eo loco multa de cultu militum Romanorum cognosci possunt.
3. Pueri et puellae diu vasa, statuas, aedificia antiqua spectant, cum magister clamat: „Ad arma!"
4. Quo nuntio omnes delectantur. Nam pugna, qua dies finitur[1], magni putatur.
5. Altera pars discipulorum in Germanos[2], altera pars in Romanos convertitur.
6. Liberi pueros, quos fortes ducunt, imperatores faciunt.
7. Deinde Germani[2] vultu acri castra Romanorum oppugnant[3].
8. Qui paulo post ab hostibus mortem neglegentibus vincuntur.

B Zusätzliche Aufgaben

1. Setze die richtige Form von hic, haec, hoc ein. (5 BE)

Magister ad discipulos ? dicit: „Spectate ? thermas. Thermae ? oppidi praeclarae sunt. Multi homines etiam ? monumenta magni aestimant. Videte!" Discipuli autem ? verbis non delectantur.

2. Vervollständige die Formenstaffel. (8 BE)

a) opus → Genitiv → Akkusativ → Plural → Nominativ
b) civis → Dativ → Ablativ → Plural → Akkusativ

---

[1] fīnīre *beenden* – [2] Germānī *die Germanen* – [3] oppūgnāre *angreifen*

3. Übersetze (nur!) den Partizipialausdruck. Beachte dabei die angegebene Sinnrichtung. (4 BE)

   a) Romani multa pericula sustinentes impetus Germanorum metuerunt. (konzessiv)
   b) Romani viribus et virtute Germanorum territi in finibus imperii ingentem munitionem aedificaverunt. (kausal)

4. Die folgenden Wörter stammen alle aus dem Lateinischen. Gib zu jedem Begriff das zugrunde liegende lateinische Wort und dessen deutsche Bedeutung an. (4 BE)

   a) total b) exerzieren c) Position d) Lizenz

5. Die antiken Thermen lassen sich mit einer modernen „Wellness-Oase" vergleichen. Nenne drei Angebote, zu denen die Thermen einluden. (3 BE)

Xanten, Ausgrabungen der römischen Stadt Colonia Ulpia Traiana. Die rekonstruierte Stadtmauer.

Umfang: 75 lat. Wörter + 24 BE

A Ein Brief aus dem Römerlager Castra Novaesia

Der Soldat Aurelius berichtet in einem Brief an seinen Freund Quintus von seinen ersten Eindrücken im Römerlager Castra Novaesia (heute: Neuss).

AURELIUS GRÜSST SEINEN FREUND QUINTUS!

1. Post iter multorum dierum denique in Castra Novaesia veni.
2. Hic Romani impetus hostium metuentes magna castra collocaverunt.
3. Milites moenibus latis circumdati tamen Germanos[1], quorum fines prope sunt, timent.
4. Certe accepisti et viros et feminas Germanorum[1] virium ingentium esse.
5. Mercatores, qui apud Germanos[1] negotia agunt, de eorum cultu haec narrant:
6. „Illis ornamenta vendere non possumus, quia aurum parvi aestimant.
7. Germani[1] semper maxima[2] virtute pugnant, numquam hostes fugiunt."
8. Nunc certe intellegis Germanos[1] a nobis periculum malum putari.

LEB WOHL! DEIN AURELIUS

B Zusätzliche Aufgaben

1. Welches Gefühl treibt die Menschen zu welchen Handlungen? Erstelle sinnvolle Sätze, indem du aus dem Substantiv und dem Verb in den Klammern einen geeigneten Partizipialausdruck bildest. (6 BE)

   a) Iuppiter ? (amor, incendere) Europam rapuit.
   b) Scimus Orpheum ? (uxor, desiderare) in Tartarum descendisse.
   c) Icarus ? (laetitia, ingens, capere) patri non paruit.

[1] Germānī *die Germanen* – [2] maximus, a, um *der größte, sehr groß*

2. Setze die im Nominativ angegebenen Substantive in den Klammern im richtigen Kasus ein. Behalte den Numerus bei. (4 BE)

a) Homines ? (curae) carere cupiunt.
b) Consules ? (res publica) praeerant.
c) Parentes diu ? (liberi) consulere debent.
d) ? (pater) persuadere potui.

3. Vervollständige die Tabelle. (6 BE)

	Genitiv Singular	Dativ Singular	Akkusativ Plural
haec cura			
ille iudex			

4. Folgende Städte gehen auf die Römer zurück. Weißt du, wie sie heute heißen? (4 BE)

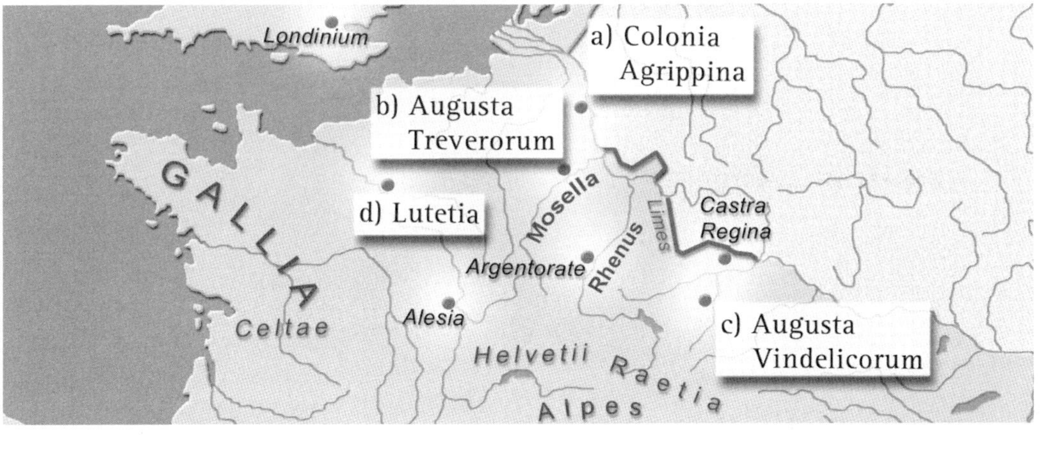

5. Ein römischer Politiker musste den cursus honorum durchlaufen, wollte er es zu etwas bringen. Nenne die einzelnen Ämter, die zum cursus honorum zählten, indem du mit dem niedrigsten beginnst. Erläutere kurz die Aufgabe, die mit dem jeweiligen Amt verbunden war. (4 BE)

Umfang: 75 lat. Wörter + 24 BE

A Der Raub der sabinischen Mädchen

Vom Raub der Sabinerinnen hast du bereits gelesen. Hier erfährst du die Vorgeschichte: Die Römer hatten gerade ihre neue Stadt errichtet, da ereignete sich Folgendes.

1. Romulus, postquam adulescentes arcessivit, hanc orationem habuit[1]:
2. „Laetus vobis gratias ago; nam hoc oppidum moenibus hostes prohibentibus circumdedistis.
3. Inimicos quoque oppressistis. Ipse eosdem fugere vidi.
4. Sed doloribus afficior, quod populus Romanus virginibus caret.
5. Nolo nostram rem publicam perire. Sine mulieribus nemo nobis consulet, sine eis labores periculaque subire non poterimus.
6. Finitimi[2] imperium nostrum metuentes filias suas necare malunt quam nobiscum coniungere.
7. Itaque cogitate[3] aliquem dolum!“
8. Mox Romani puellas gentis finitimae[2] cum patribus ad ludos vocaverunt[4] illasque rapuerunt.

Pietro da Cortona: Der Raub der Sabinerinnen (Ausschnitt), 1627-29.
Rom, Pinacoteca Capitolina.

---

[1] ōrātiōnem hābēre *eine Rede halten* – [2] finitīmus, a, um *benachbart; Subst. Nachbar* – [3] cōgitāre *hier: sich ausdenken* – [4] vocāre *hier: einladen*

B Zusätzliche Aufgaben

1. Ersetze die kursiv gedruckten Wörter durch die entsprechenden Formen von ire bzw. der Komposita von ire. (4 BE)

   Romani ad puellas *properant* (ire). Puellae viros *accurrentes*[1] (adire) effugere temptant. Primo clamant: „*Decedemus* (perire)!" Sed mox maritos Romanos amabant. Itaque ab eis non *discesserunt* (abire).

2. Vervollständige die Formenstaffel. (8 BE)

   a) consul ipse → Dativ → Ablativ → Plural → Genitiv
   b) aliquod iter → Akkusativ → Plural → Dativ → Singular

3. Finde sechs lateinische Wörter, die zum Sachfeld „Militär" und „Kampf" gehören, und nenne ihre deutsche Bedeutung. (6 BE)

4. Ein kleines Quiz über Hannibal. Nur jeweils ein Satz ist richtig. Kreuze ihn an. (6 BE)

   ☐ Hannibal imperator iam omnes gentes Italiae vicerat.
   ☐ Hannibal imperator iam omnes gentes Hispaniae vicerat.
   ☐ Hannibal imperator iam omnes gentes Graeciae vicerat.

   ☐ Hannibal multos elephantos Olympum traduxit.
   ☐ Hannibal multas aves Alpes traduxit.
   ☐ Hannibal multos elephantos Alpes traduxit.

   ☐ Hannibal Romam ipsam non oppugnavit.
   ☐ Mox Hannibal Romam perdidit.
   ☐ Mox Hannibal a Romanis victus est.

Umfang: 77 lat. Wörter + 24 BE

[1] accurrere *herbeilaufen*

Die falsche Deutung eines Orakels

1. Temporibus antiquis viri, qui civitati aut exercitui alicui praeerant, oraculum[1] consulebant, cum res difficiles gerere parabant.
2. Pyrrhus[2] rex, quia maximum imperium cupiebat, consilium iniit Romanos oppugnare.
3. Itaque legatos[3] convocavit, quos oraculum[1] Delphicum[4] adire et exitum belli quaerere iussit.
4. Ipse enim iter longum subire noluit.
5. Deus legatis[3] respondit Pyrrhum[2] Romanos vincere posse.
6. Rex oraculum[1] ipsum nesciens periculum verborum non perspexit.
7. Spem in victoria posuit, copias conscripsit, proelium iniit.
8. Postquam diu pugnaverunt et multi milites occisi sunt, Pyrrhus[2] tristis animadvertit:
9. „Neque insidiae hostium neque odium immortalium nos perdidit.
10. De victoria cogitare malui quam de oraculo[1].
11. Nolite verba dei neglegere!“

Danach sammelte er seine Soldaten und verließ Italien.

Umfang: 97 lat. Wörter

[1] **ōrāculum** *Orakel, Orakelspruch* – [2] **Pyrrhus** *König von Epirus* – [3] **lēgātus** *Gesandter* – [4] **Delphicus, a, um** *von Delphi (eine der wichtigsten Orakelstätten Griechenlands)*

Delphi. Die Reste des Apollo-Tempels. In seinem einst dämmerigen Innenraum wurden die Orakel erteilt. Im Vordergrund ist das Theater zu sehen, in dem zu Ehren des Orakelgottes Apollo musische Wettbewerbe stattfanden.

A Ein Römer kennt keinen Schmerz!

Der letzte König Roms, Tarquinius Superbus, bat nach seiner Vertreibung den Etruskerkönig Porsenna um Hilfe. Und wirklich: Dieser unterstützte ihn, sammelte seine Soldaten und stand mit diesen bald vor Rom.

1. Postquam copiae Porsennae ante urbem castra collocaverunt, res mira evenit:
2. Tenebris Mucius, miles Romanus, qui Porsennam necare paravit, castra hostium adiit.
3. Quod autem imperatorem ipsum ignoravit, aliquem ministrum interfecit.
4. Statim Mucius captus, in vincula datus, ad Porsennam ductus est.
5. Qui ira incensus e Romano quaesivit: „Cur castra hostium inisti? Capitis damnaberis!“
6. Mucius: „Num putas Romanum morte terreri? Perire malo quam vita libera carere!“
7. Tum ridens manum in igne posuit.
8. Porsenna autem animadvertit Mucium animi fortis esse, eundem dimisit[1], Romam deseruit.

Mucius wurde für seine tapfere Tat als Freiheitsheld gefeiert und erhielt den Beinamen Scaevola („Linkshänder“).

Hans Baldung Grien: Mucius Scaevola (Ausschnitt) 1531. Dresden, Gemäldegalerie Alte Meister.

B Zusätzliche Aufgaben

1. Füge zu den folgenden Substantiven die jeweils richtige Form von idem, eadem, idem hinzu. (5 BE)

   a) victori – b) mulierum – c) exercitu – d) orationem – e) saeculum

[1] dīmīsī *Perfekt von dimittere*

2. Ordne folgende Verben nach ihrer Perfektbildung in die Tabelle ein, indem du die erste Person Singular Perfekt angibst. (6 BE)

coniungere – occupare – cedere – excipere – repetere – fugere

v-Perfekt	s-Perfekt	Dehnungsperfekt

3. Setze malle und nolle sinnvoll ein. Beachte Person, Numerus und Tempus. (3 BE)

Romani homines magnae virtutis erant: Perire ? quam vinci. Dicebant: „Ab hostibus opprimi ? . Quis imperiis inimicis parere ? quam omnibus gentibus imperare?“

4. Du kannst die Bedeutung der folgenden englischen Wörter sicher erschließen. Gib zu jedem Begriff das zugrunde liegende lateinische Wort an. (4 BE)

a) *victory* b) *exciting* c) *to permit* d) *to repeat*

5. Folgende Jahreszahlen sind für die Geschichte Roms von großer Bedeutung. Erkläre, weshalb. (3 BE)

a) 753 v.Chr. b) 510 v.Chr. c) 218-201 v.Chr.

6. Erkläre den Satz des Reiteroberst Maharbal: „Zu siegen verstehst du, Hannibal, aber den Sieg zu nutzen, verstehst du nicht.“ (3 BE)

Umfang: 80 lat. Wörter + 24 BE

7. *Prüfungsaufgabe*

A Hannibal feuert seine Soldaten am Trasimenischen See an

Nach der verlustreichen Alpenüberquerung will Hannibal Mittelitalien in seine Hand bringen. Am Trasimenischen See veranlasst er das römische Heer ihm nachzurücken – geradewegs ins Verderben.

1. Postquam exercitus Romanus iter perrexit, Hannibal laetus milites suos convocavit.
2. Tum viros laboribus proeliorum oppressos talibus verbis impulit:
3. „Non oportet de salute desperare. Si cui cordi est abire, licet sine ulla mora copias deserere et aliqua nave domum redire.
4. Nos autem amicitia coniuncti Romanos oppugnabimus et perdemus.
5. Nam ego ipse, ut puer iuravi, tot Romanos occidere volo, quot possum. Nolite mihi hoc odium crimini dare!“
6. Quia milites animum imperatoris perspexerunt, montes propinquos ascenderunt et Romanis insidias paraverunt.

Lies weiter, was dann geschieht ...

Karthagische Münze aus der Zeit des Hannibal.

B Zusätzliche Aufgaben

1. Übersetze die fehlenden Teile ins Lateinische. (6 BE)

   Hannibals Truppen haben die Römer eingekesselt. Da ruft der römische Soldat Rufinus in höchster Gefahr die Götter an:

   a) „Cur (die besten) viros (so großen) curis (ihr quält)?
   b) Cur vobis (ich bin verhasst)?
   c) Numquam (so viele) hostes vidi (wie (!) jetzt).“

2. Setze die passende Form von aliquis bzw. aliqui ein. (4 BE)

   Der Soldat Rufinus erklärt seinem Freund, dem Soldaten Fabrinus:

   „Imperator nos ad ? montes duxit. Nunc autem ? Carthaginienses nobis insidias paraverunt. ? audivit Hannibalem victoria iam gaudere. Ego quoque hoc ab ? amico accepi.“

3. Römische Soldaten unterhalten sich.
   Aus dem Stimmengewirr hört man nur die folgenden Gesprächsfetzen.

   a) Übersetze diese Gesprächsfetzen ins Lateinische. (6 BE)

   „Es wird die Pflicht des Siegers sein ...“
   „Es ist die Aufgabe eines Verwandten ...“
   „Es ist charakteristisch für sehr viele Frauen gewesen ...“

   b) Übersetze diese Gesprächsfetzen ins Deutsche. (4 BE)

   „Me semper fortem praebui ...“
   „Imperator suis providet ...“

4. Vervollständige den Lückentext. (4 BE)

   Rufinus kennt andere Gefahren aus Roms Geschichte:

   Fast zwei Jahrhunderte vor dem Zug Hannibals gegen Italien bedrohten ? aus dem Norden Rom. Nur das ? konnten sie nicht erobern, weil Gänse, der Göttin ? heilige Tiere, die Römer vor dem nächtlichen Angriff der Feinde mit ihrem Anführer ? warnten.

Umfang: 77 lat. Wörter + 24 BE

A Eine Reise nach Spanien

Der Senator Publius wartet zusammen mit seinem Sohn Titus auf die Abfahrt des Schiffes nach Hispania (Spanien). Publius will dort einen alten Freund besuchen.

1. Dum Publius et Titus in portu Ostiae navem ascendunt, mercator severus servos cessantes ad labores impellit.
2. Postquam navis aliquibus rebus completa est, omnes felices iter ineunt.
3. Sed subito aliqui senex animadvertit Titum timore affectum esse.
4. Itaque puerum monet: „Cur tempestates times?
5. Noli animum demittere! Te fortem praebe!
6. Nam nautarum proborum est saluti nostrae providere.
7. Et magistro navis cordi est summa cum diligentia navem gubernare[1].
8. Si pericula nos vexarent, idem sine ulla mora auxilio veniret.“

B Zusätzliche Aufgaben

1. Ergänze die fehlenden lateinischen Verbformen im Konjunktiv Imperfekt. (6 BE)

Titus jammert verängstigt:

„Si domi ? (sein, 1. Pers. Sg.), magistro meo aures ? (geben, 1. Pers. Sg.). Omnia verba eius ? (im Gedächtnis behalten, 1. Pers. Sg.). Amici ludentes ? (zusammenkommen, 3. Pers. Pl.) et in foro cibos bonos emere ? (können, 1. Pers. Pl.). Etiam tu Romam redire ? (lieber wollen, 2. Pers. Sg.) quam iter facere.“

[1] gubernāre *lenken (navem!)*

2. Setze die passende Form von aliquis bzw. aliqui ein. (6 BE)

Zur Ablenkung erzählt der alte Mann dem furchtsamen Titus von den Irrfahrten des listigen Odysseus (Ulixes, Ulixis *m*) und seiner Begegnung mit den Sirenen:

„Quondam ? puellae Ulixem carmine vexabant. Nam in ? regione maris ? comites Ulixis subito puellas ? canere audiverunt. Eae in ? saxis sedentes nautis perniciem paraverunt. Sed ? dolo Ulixes comites suos conservavit."

3. Durch den tatsächlich auffrischenden Wind hört man aus einem Gespräch von zwei weiteren Passagieren des Schiffes nur die folgenden Brocken.

   a) Gib diese lateinisch an. (4 BE)

   „Es war die Pflicht eines jungen Mannes ..."
   „Es bringt Ehre ein ..."
   „Kritisiere nicht ..."

   b) Übersetze diese ins Deutsche. (4 BE)

   „Scriptoris erit ..."
   „Magno usui erat ..."
   „Negotia ago ..."

4. Vervollständige den Lückentext. (4 BE)

Der alte Mann ermuntert Titus: „Habe keine Angst vor ? , dem Windgott. Ich habe schon viele Schiffsreisen gemacht, und immer waren mir die Götter gnädig. Übrigens, ich stamme aus Pästum, einer Stadt in Unteritalien, die von ? gegründet wurde und ursprünglich ? hieß. Den südlichen Teil von Italien nennt man wegen seiner Kolonien auch (lat.) ? .

Umfang: 74 lat. Wörter + 24 BE

9. Prüfungsaufgabe

A Cicero

Während der Schiffsreise nach Sizilien erzählt Publius von seinem Freund Marcus Tullius Cicero (Cicerō, Cicerōnis m).

1. Quia Ciceroni adulescenti cordi fuit se oratorem[1] praeclarum praebere, iter in Graeciam fecit.
2. Ibi orationes tam miras lingua Graeca habuit quam nemo umquam habuerat.
3. Postquam Cicero ad rem publicam accessit, quaestor[2] in Siciliam missus est, ubi incolis huius insulae magno usui fuit.
4. Postea Romam rediens ad amicum, qui in Campania habitabat, pervenit et illum interrogavit:
5. „Quid de me narratur? Certe cives diligentiam meam magni aestimant."
6. Sed Romani ignorabant Ciceronem in Sicilia multas res laude dignas gessisse.

Büste des Marcus Tullius Cicero.
1. Jh. v. Chr. Rom, Kapitolinische Museen.

B Zusätzliche Aufgaben

1. Übersetze folgende Wendungen. Beachte das Tempus. (6 BE)

   a) Sie kommen zu Hilfe.
   b) Ihr werdet zum Vorwurf machen.
   c) Die Konsuln sorgten (Perf.) für die Bürger.

[1] ōrātor, -ōris *m Redner* – [2] quaestor, -ōris *m Quästor (röm. Finanzbeamter)*

2. Bilde den lateinischen Konjunktiv Imperfekt bzw. Plusquamperfekt zu folgenden Verben in der angegebenen Person. (6 BE)

   Konjunktiv Imperfekt

   a) hinaufsteigen: 1. Pers. Sg.
   b) anziehen: 2. Pers. Pl.
   c) lesen: 3. Pers. Pl.

   Konjunktiv Plusquamperfekt

   d) zurückschicken: 2. Pers. Sg.
   e) vorhersehen: 1. Pers. Pl.
   f) anfüllen: 3. Pers. Sg.

3. Gib zu folgenden englischen Wörtern ein zugrunde liegendes lateinisches Wort und seine deutsche Bedeutung an. (8 BE)

   a) *quality* b) *port* c) *to sit* d) *navy*

4. Vervollständige den Lückentext. (4 BE)

   Nach anfänglichen Berührungsängsten erkannten die Römer, dass die Griechen ihnen in vielen Bereichen überlegen waren, z.B. in ? und ?, und so studierten vornehme Römer wie Cicero in Griechenland.

   In der Magna Graecia, also in ?, blühte die griechische Kultur. In Pästum, früher ? genannt, kann man z.B. einen um 450 v.Chr. erbauten Tempel bewundern, der wohl der Göttin ? geweiht war.

Umfang: 76 lat. Wörter + 24 BE

Der Mathematiker Archimedes

Der Philosoph Eugippus erzählt auf der Schiffsreise von einem Ereignis aus dem 2. Punischen Krieg, als die Römer Syrakus eroberten.

1. Scitis Archimedem[1] mathematicum[2] laude dignum fuisse.
2. Marcellus[3] imperator eum pluris aestimavit quam aliquos philosophos.
3. Postquam exercitus Romanus in Siciliam venit, Marcellus[3] animos militum impulit:
4. „Non dubitabo Syracusas[4], urbem a Graecis conditam, capere, nam viri vere Romani est se tam fortem praebere quam maiores[5].
5. Proinde pugnate magna vi, sed nolite laedere Archimedem[1]!"
6. Paulo post Romani tanto clamore per vias urbis occupatae properaverunt quanto mercatores in forum Romanum, cum forte aliqui miles mathematicum[2] aspexit et ex illo nomen quaesivit.
7. Quia Archimedes[1] non respondit, miles eum maxima ira commotus sine ulla mora occidit.

Die römischen Soldaten treffen auf Archimedes, wie er gedankenverloren mathematische Figuren in den Sand zeichnet. Kupferstich aus dem 19. Jh.

Umfang: 90 lat. Wörter

[1] Archimēdēs, Archimēdis *m* *Archimedes (berühmter Mathematiker)* – [2] mathematicus *Mathematiker* – [3] Marcellus Marcellus *(römischer Feldherr im 2. Punischen Krieg)* – [4] Syrācūsae, Syrācūsārum *Syrakus (Stadt auf Sizilien)* – [5] māiōrēs *m* *die Vorfahren*

Attentat auf einen Tyrannen

Onkel Cornelius erzählt Corinna und Titus über ein Attentat auf den Tyrannen Dionysius II. von Syrakus

1. Quondam Dionysius, qui homo summa crudelitate erat, tyrannus Syracusarum[1] erat.
2. Multi incolae tanto odio commoti erant, ut optarent, ut is insidiis de vita decederet.
3. Inde Damon[2] eum gladio interficere temptavit, sed a custodibus fortibus captus in vincula coniectus est.
4. Quamquam timuit, ne tyrannus ei veniam non daret, animo forti dixit:
5. „Si te necavissem, omnes cives nunc laeti essent.
6. Poena dignus sum. Sed ante supplicium ad nuptias[3] sororis meae ire volo.
7. Interea amicus meus obses pro me periret, si ipse fugerem.“
8. Paulum dubitans tyrannus tamen eum ad domum sororis dimisit.

Die Tyrannenmörder. Griechische Vasenmalerei aus dem 5. Jh. v.Chr. Würzburg, Martin-von-Wagner-Museum.

Umfang: 89 lat. Wörter

[1] **Syrācūsae, Syrācūsārum** *Syrakus (Stadt auf Sizilien)* – [2] **Dāmōn, -ōnis** *m* *Damon (verübte ein Attentat auf Dionysius II.)* – [3] **nuptiae, nuptiārum** *Hochzeit*

A Echte Freundschaft

Nachdem Onkel Cornelius Corinna und Titus von dem missglückten Attentat des Damon auf den Tyrannen Dionysius II. von Syrakus erzählt hat, fragt Titus neugierig: „Was ist dann mit Damon und seinem Freund, der für ihn bürgte, passiert?“
Deshalb erzählt der Onkel weiter.

1. Damon[1], qui homo summa audacia erat, properavit, ne amicus supplicium subiret.
2. Quia aliquibus periculis prohibitus non brevi tempore redierat, tyrannus, ut antea dixerat, amicum Damonis[1], qui obses relictus erat, interficere parabat.
3. Tandem Damon[1], cui salus amici magnae curae fuit, tyrannum adiit et vocavit:
4. „Nisi pericula me oppressissent, iam diu adessem. Sed nisi ego redissem, amicus meus perisset.“
5. Tyrannus tanta admiratione[2] commotus est, ut oraret, ut amici eum ipsum in amicitiam acciperent.

B Zusätzliche Aufgaben

1. Nenne zu den Substantiven jeweils das zugehörige Adjektiv. (4 BE)

   a) divitiae b) aurum c) crudelitas d) supplicium

2. Übersetze folgende Wendungen möglichst geschickt. (3 BE)

   a) puella tristi animo
   b) bono animo sum
   c) poeta summo labore

---

[1] Dāmōn, -ōnis *m* *Damon (verübte ein Attentat auf Dionysius II.)* – [2] admīrātiō, -ōnis *f* *Bewunderung*

3. Bilde zu den Verbformen jeweils Konjunktiv Imperfekt und Konjunktiv Plusquamperfekt in der entsprechenden Person. (6 BE)

   a) scribis b) poteram c) vultis

4. Setze die richtige Subjunktion ein und bestimme die Art des Gliedsatzes. (8 BE)

   Damons Freund, der als Geisel auf die Rückkehr seines Freundes wartete, berichtet von seinen Gedanken:

   a) „Timui, ? amicus meus fugisset.
   b) Tanta inopia oppressus sum, ? supplex nomen amici vocarem.
   c) De salute adeo desperavi, ? mortem desiderarem.
   d) Putavi amicum meum fugisse, ? se servaret.“

5. Bei einer Sizilienreise bist du kundiger Reiseführer. Erkläre. (3 BE)

   a) Auf Sizilien gibt es viele Dinge zu bestaunen. Was erwartet dich als Tourist, wenn du das „Ohr des Dionysios“ besichtigst?
   b) Ein Mitreisender erwähnt das „Schwert des Damokles“. Erkläre, was er damit meint.

Umfang: 71 lat. Wörter + 24 BE

A Der Dichter Ovid (*Ovidius*)

Kaiser Augustus war als Förderer von Dichtern bekannt. Doch nicht alle schrieben Gedichte nach seinem Geschmack.

1. Comperimus imperatorem Augustum mores maiorum restituisse et imprimis iuventutem ad vitam honestam adducere voluisse.
2. Cum autem Ovidius, poeta egregius, ad rem publicam accedere nollet, ne pater quidem adulescentem adduxit, ut ille officium praestaret.
3. Tamen Ovidius libris suis tantam gloriam sibi peperit, ut optimus quisque carmina eius libenter recitaret.
4. Augustus autem timuit, ne cives carmina illius scriptoris ita diligerent, ut pietatem neglegerent.
5. Denique Ovidius patria expulsus est, sed numquam spem salutis amisit.

B Zusätzliche Aufgaben

1. Übersetze die Formen und wandle sie in die entsprechende Form des Perfektstammes um. (8 BE)

   a) dimittebas
   b) nosceret
   c) circumveniemus
   d) instant

2. Übersetze die folgenden Wendungen. (4 BE)

   a) liber metu
   b) fiducia sui
   c) auxilio egentes
   d) odium tui

3. Füge die jeweils passende Subjunktion ein und setze die Prädikate in der richtigen Form (Tempus, Modus) ein. (4 BE)

   a) ? Octavianus adulescens necem Caesaris ? (vindicare), summam potestatem petivit.
   b) ? in inimicos omni misericordia ? (carere), tamen ipse exemplum pietatis esse temptabat.

4. Unterscheide, ob es sich um einen Konsekutiv-, Final- oder abhängigen Begehrsatz handelt. (4 BE)

   Ein alter Römer erzählt seinen Enkeln aus seiner Kindheit und Jugend:

   a) „Adulescens tanta virtute fui, ut omnes viros superarem.
   b) Sed puer saepe non valebam, ut familiares de salute mea desperarent.
   c) Itaque mater deos oravit, ut me servarent.
   d) Omnes amici me curaverunt, ut mater a curis libera timore careret."

5. Erkläre folgende Begriffe genau. (4 BE)

   a) Augur
   b) Haruspex

Der Dichter Ovid.
Fresko von Luca Signorelli
im Dom von Orvieto. 16. Jh.

Umfang: 71 lat. Wörter + 24 BE

14. Prüfungsaufgabe

A Der Tod Ciceros

Nach der Ermordung Cäsars ringen Antonius und Octavianus um die Macht. Dabei kommt der berühmte Redner Cicero ums Leben.

1. Post necem Caesaris Cicero studuit, ut libertas civibus restitueretur.
2. Itaque magna cura patriae commotus orationes acerbas in Antonium, qui potestatem vindicavit, habuit.
3. Cum autem Antonius et Octavianus se coniungerent, Cicero timens, ne in vincula coniceretur, fugere decrevit, ne periret.
4. Ubi audivit milites ab Antonio conductos accedere, cognovit summum periculum vitae sibi instare.
5. Quamquam cum aliquibus servis inimicos effugere temptavit, illi eum circumvenerunt et magna crudelitate occiderunt.
6. Ita ne optimo quidem civium pepercerunt.

B Zusätzliche Aufgaben

1. Erkläre folgende Fremdwörter, indem du das zugrunde liegende lateinische Wort und seine deutsche Bedeutung angibst. (4 BE)

   a) Solist
   b) Kaution
   c) Ultimatum
   d) legal

Der lächelnde Marcus Antonius. Goldmünze (*aureus*) aus dem Jahre 40. v.Chr.

2. Nenne je zwei Komposita zu ducere und facere und gib deren deutsche Bedeutung an. (4 BE)

3. Gib die lateinischen Stammformen zu folgenden Verben an. (8 BE)

	Inf. Präs.	1. Pers. Sg. Präs.	1. Pers. Sg. Perf.	PPP
zerbrechen				
verbannen				
nehmen				
(genau) erfahren				

4. Setze die Adjektive in der grammatikalisch korrekten Form sinnvoll zu den folgenden Substantiven. (4 BE)

egregius – severus – antiquus – dives

a) temporibus ?
b) inter homines ?
c) vultu ?
d) adulescens virtutis ?

5. Erkläre so genau wie möglich. (4 BE)

a) Was ist der sog. Julianische Kalender?
b) Was versteht man unter den „Idus Martiae“? Warum sind sie so berühmt?

Umfang: 72 lat. Wörter + 24 BE

A Octavianus – ein idealer Princeps?

Nonius Urbanus erzählt dem Großkaufmann Quintus Fabius, der gerade nach langem Aufenthalt in Griechenland im Jahr 20 v. Chr. nach Rom zurückgekehrt ist, im Schatten einer Säulenhalle Folgendes über die politische Lage in Rom.

1. „Scis, quanto odio commotus Octavianus adulescens post necem Caesaris contra nonnullos senatores spem imperii non deponentes pugnaverit.
2. Nam alios se inimicos praebentes in exilium pepulit, aliis veniam petentibus pepercit, cum optaret, ut omnes iustitiam suam memoria tenerent.
3. Nunc princeps perficere cupit, ut signa[1] ab hoste rapta reddantur et duces populorum barbarorum pacem perpetuam faciant.
4. Quare incredibili labore studet, ut portas Iani[2] claudat et metum belli a civibus avertat.
5. Quamvis princeps imprimis salutem plebis augeat, tamen nobiles quoque eum magni aestimant."

B Zusätzliche Aufgaben

1. Setze die Partizipformen der in Klammern angegebenen Verben grammatikalisch korrekt und inhaltlich sinnvoll ein. (5 BE)

   Nonius Urbanus ergänzt seine Erzählung:

   „Augusto bella crudelia ? (PPA von componere) gratiam debemus.
   Imperator artes ? (PPA von amare) statuas egregias in Graecia ? (PPP von emere) in foris collocat.
   Templa a fabris optimis ? (PPP von aedificare) magna cum diligentia restituit.
   Profecto princeps saluti civium ? (PPA von consulere) laude dignus est."

---

[1] sīgnum *hier: Feldzeichen* – [2] Iānus *hier: Janustempel*

2. Bestimme die Art der Fragen und übersetze diese. (6 BE)

   a) Qui princeps obeliscum[1] in Campo Martio[2] collocari iussit?
   b) Utrum Augustus vitam laetam an tristem egit?

3. Nenne das zugrunde liegende lateinische Wort zu den Fremdwörtern und gib die deutsche Bedeutung des lateinischen Wortes an. (6 BE)

   a) Komparativ
   b) Effekt
   c) Fiktion
   d) Singular
   e) Traktor
   f) Tradition

4. Ergänze die passende Form der angegebenen Pronomina und übersetze. (3 BE)

   a) ? / ? nationes (iste)
   b) in ? imagine (idem)

5. Beschreibe und erkläre anhand der Abbildung vier Einzelheiten der Darstellung des Flachreliefs auf dem Brustpanzer der Statue des Augustus, die bei Prima Porta gefunden wurde. (4 BE)

Umfang: 79 lat. Wörter + 24 BE

[1] obeliscus, -ī *Obelisk* – [2] Campus Mārtius *Marsfeld*

A Der junge Cäsar in Gefahr

In den ersten Jahrzehnten des ersten Jahrhunderts v. Chr. finden immer wieder blutige Auseinandersetzungen zwischen der Popularenpartei mit Marius und Cinna und Sullas Optimatenpartei statt. Auch der etwa 20-jährige Popularenanhänger Cäsar kommt mit Sullas Militärdiktatur in Konflikt.

1. Quis nescit, quot homines summi ingenii Sulla perdiderit?
2. Etiam Caesar adulescens magno honore affectus frustra studuit, ut odium istius caveret.
3. Ira commotus amicis suam condicionem turpem explicavit: „Vix existimare potestis, quid Sulla a me postulet.
4. Nam Corneliam uxorem, filiam Cinnae, relinquere debeo, quamvis ea mihi cordi sit.
5. Nisi Sullae paruero, omnia perdam.
6. At opto, ut mihi omnibus bonis spoliato contingat, ut nocte ex urbe decedam et lateam, ne nex mihi paretur."

B Zusätzliche Aufgaben

1. Übersetze folgende Warnungen und mache sie dann von cave / cavete, ne abhängig. (6 BE)

   a) Noli duces improbos deligere! → Cave, ne ...
   b) Nolite equites iustos accusare! → Cavete, ne ...

2. Ergänze das Verb in der korrekten Form. (3 BE)

   a) Timeo, ne hodie officia mea ? . (neglegere, 1. Pers. Sg. Präs.)
   b) Vos oramus, ut fabulas miras ? . (narrare, 2. Pers. Pl. Präs.)
   c) Mihi notum est, quanta diligentia dolum ? . (fingere, 2. Pers. Sg. Perf.)

3. Mache die Fragesätze von nescio abhängig. (3 BE)

a) Cur leonem cepisti? → Nescio, ...
b) Ubi animalia latent? → Nescio, ...
c) Quando urbem reliquistis? → Nescio, ...

4. Nenne den „Störenfried". (4 BE)

a) quotiens – veniens – spargens – currens
b) petivi – captivi – comparavi – explicavi
c) igitur – traditur – quaeritur – deligitur
d) collectas – calamitas – sollicitatas – cultas

5. Gib die deutsche Bedeutung der Adjektive an und bilde jeweils das lateinische Adverb dazu. (4 BE)

a) asper b) laetus c) gravis d) felix

6. Begründe, warum antike Geschichtsschreiber Falsches behaupten, wenn sie Kaiser Tiberius als Tyrannen darstellen (zwei Aspekte). (4 BE)

Triumph des Tiberius, Becher von Boscoreale. Anfang 1. Jh. Paris, Musée du Louvre

Umfang: 71 lat. Wörter + 24 BE

Im Schatten eines Tyrannen lebt es sich gefährlich

Kaiser Nero entwickelt sich im Laufe seiner Regierung immer mehr zu einem Tyrannen und trachtet reichen Bürgern sogar nach dem Leben, um an ihr Vermögen zu kommen. Auch der „Multimillionär" Seneca stellt fest, dass Nero, dem er seit dessen Jugend als Erzieher zur Seite stand, nicht mehr zu ihm hält, und versucht die angespannte Situation zu entschärfen.

1. Nero potestatem crescentem Senecae, qui sapienter negotia publica agebat, periculosam[1] esse sentiebat.
2. Cum Seneca invidiam principis intellegens cum isto sermonem haberet, his verbis istum flectere studuit:
3. „Tu me familiariter tantis muneribus afficis, ut divitias meas augeam et vitam iucundam agam.
4. Sed scis, quam difficile sit senem divitem honeste vivere. Itaque ratione impulsus tibi divitias sponte mea tradere volo."
5. Quia imperator nolebat cives credere se cupidum bonorum viri pii esse, haec respondit: „Cave, ne me parvi aestimes! Proinde ne postulaveris a me, ut opes tuas appetam!"
6. Quibus verbis imperator consilia improba tegere studuit.

Nach Senecas von Nero angeordnetem Selbstmord fällt dessen Vermögen tatsächlich an den Kaiser.

Nero und sein Hofstaat betrachten von ihren erhöhten Plätzen aus neugierig die Gäste eines kaiserlichen Banketts. Szenenbild aus dem Film *Quo vadis?* (1951)

Umfang: 92 lat. Wörter

[1] perīculōsus, a, um *gefährlich*

Nero – ein wahrer Olympionike?

Im Sommer 69 n.Chr. erzählt der Kaufmann Lucius Pictor zwei befreundeten griechischen Kaufleuten in Korinth über Kaiser Neros künstlerische und sportliche Ambitionen.

1. „Constat Neroni et artes et certamina equorum cordi fuisse.
2. Cum Seneca istum moneret, ne nimium tempus in rebus inutilibus[1] poneret, imperator adulescens voluptatum cupidus magistro aures non dedit, sed carmina cantans familiares vexare perrexit.
3. Post mortem senis sapientis iste in Graeciam iter fecit et equos regens ludis Olympiis interfuit.
4. Nam quinto quoque anno iuvenes Graeci Olympiam petebant in ludis gloriam incredibilem accepturi.
5. Quis vestrum nescit, quomodo Nero victor factus sit?
6. Cum e curru[2] eiectus[3] certamen ab initio repeteret, complures eum tamen vicerunt, ut vulgus eum derideret.
7. Sed Nero semper omnes superaturus statuit leges Olympias nefarie neglegere."

Umfang: 96 lat. Wörter

[1] in-ūtilis, e *Gegenteil zu* ūtilis, e – [2] currus, -ūs *Wagen* – [3] ēicere, ēiciō, ēiēcī, ēiectum *herausschleudern*

A Eine Reise nach Korinth

Der Kaufmann Lucius Pictor will trotz des jahreszeitlich schlechten Wetters wieder einmal eine Handelsreise nach Korinth unternehmen. Doch seine ängstliche Frau Claudia ist davon gar nicht begeistert.

1. Uxore ignara Lucius Pictor, mercator diligens, statuit hieme Graeciam navigare ibi negotia acturus.
2. Nave mercibus[1] completa Claudia casu comperit maritum iter facturum esse.
3. Irae non iam temperans animum Lucii convertere studuit:
4. „Patre vivo semper sapientiam tuam magni aestimavi, quia numquam plenus superbiae pericula subisti. Quo auctore hoc consilium inisti?
5. Qua de causa me et filiam tuam puniturus es?“
6. Quibus verbis dictis Lucius curas uxoris metu commotae reppulit: „Spero navem iter feliciter confecturam esse.“

B Zusätzliche Aufgaben

1. Ergänze die fehlenden Formen, indem du die in Klammern angegeben Wörter grammatikalisch korrekt und sinnvoll einsetzt. (6 BE)

   Claudia bittet die Götter um Schutz für ihren Mann:

   a) „Dei ? (aeternus), ? (maritus) consulite!
   b) Providete, ut Lucius in patriam ? (redire → Umschreibung des Futurs)!
   c) Metus me ? (invadere → Präsens), ut ille a piratis[2] ? (comprehendere → Präsens).
   d) Ne ? (obicere) illum tempestatibus!“

[1] merx, mercis *Ware* – [2] pīrāta *m* *Seeräuber*

2. Leite folgende englische Wörter von lateinischen Wörtern ab und übersetze die lateinischen Wörter. (4 BE)

   a) *luxury*
   b) *necessary*
   c) *comprehension*
   d) *divine*

3. Nenne zu den im folgenden italienischen Satz unterstrichenen Wörtern das zugrunde liegende lateinische Wort und gib dessen deutsche Bedeutung an. (4 BE)

   D'estate è facile conoscere tanta gente sulla spiaggia.

4. Ergänze die fehlenden lateinischen Stammformen und gib die deutsche Bedeutung der Verben an. (6 BE)

		repperi		
	corrumpo			
vertere				

5. Nenne das Rätsel der Sphinx, das diese dem Ödipus stellte, und gib auch die Lösung des Rätsels an. (4 BE)

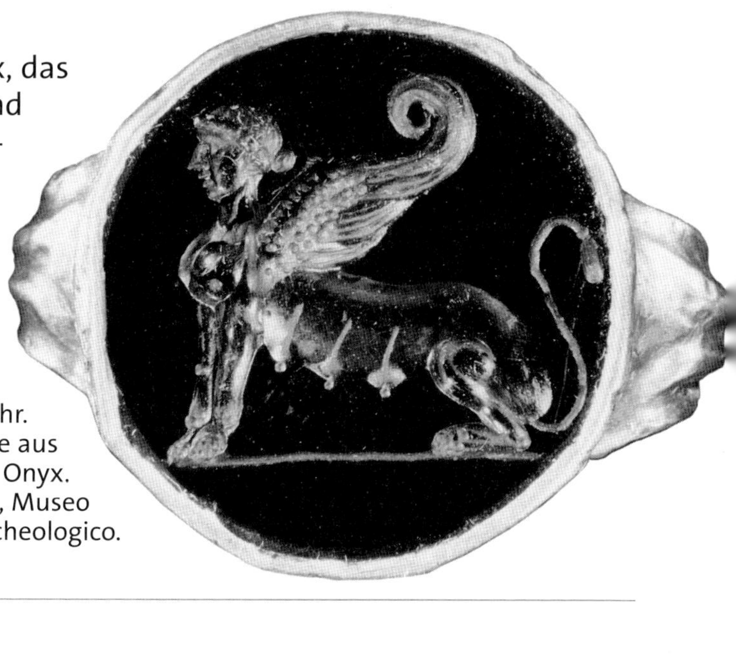

Siegelring des Kaisers Augustus. 1. Jh. v. Chr. Gemme aus schwarzem Onyx. Florenz, Museo Archeologico.

Umfang: 73 lat. Wörter + 24 BE

Verhängnisvolle Begegnung

König Lajos von Theben war geweissagt worden, dass sein Sohn ihn töten werde. Deshalb ließ er sein Kind in der Wildnis aussetzen. Aber ein Hirte des kinderlosen Polybos, des Königs von Korinth, fand den Säugling und brachte ihn zum Königspaar, welches das Findelkind unter Geheimhaltung adoptierte.

1. Aliquando hospes invidia adductus Oedipo obiecit eum filium Polybi regis non esse.
2. Quibus verbis dictis ille statim e matre quaesivit, quis pater suus esset.
3. Ea autem nihil explicante Oedipus oraculum consulere statuit.
4. Qui cum a sacerdote audiret se patrem necaturum et matrem uxorem ducturum[1] esse, iuravit se ad parentes rediturum non esse.
5. Sed quamquam cura commotus per terras erravit, ne sors perficeretur, Oedipus Laio patri in via angusta occurrit.
6. Cum ministri senis postularent, ut eis locus daretur, adulescens, qui patrem non cognoverat, non paruit.
7. Denique Oedipus de via non cessurus et senem et ministros eius interfecit.

So ging mit dem Mord am alten Lajos der erste Teil des Orakels in Erfüllung.

Der auf dem Berg Kithairon ausgesetzte Knabe Ödipus wird von einem Schafhirten gefunden.

[1] aliquam uxōrem dūcere *jdn. heiraten*

Der herangewachsene Ödipus fragt den alten Schafhirten nach seiner Vergangenheit.

Drei Szenen aus der Ödipussage: Reliefbilder von einem römischen Sarkophag. 3. Jh. n.Chr. Rom, Vatikanische Museen.

Ödipus tötet seinen Vater Lajos.

Umfang: 96 lat. Wörter

A Das Experiment des Psammetichos

Psammetichos, Herrscher von Ägypten, versucht mit Hilfe eines Experiments herauszufinden, welche Sprache die älteste ist.

1. Diu complures putaverunt linguam Aegyptiam primam generis hominum fuisse.
2. Qua de causa Psammetichus, cum cognoscere cuperet, quod verbum liberi primum discerent, imperavit, ut duo pueri in tecto clauso viventes a ministro diligenti alerentur.
3. Qui promisit se tacentem pueris consulturum esse, ne quae voces audirentur.
4. Fidem servans sole occidente liberis semper cibum dabat et paulo post abibat.
5. Aliquando autem illi subito clamare coeperunt: „Bekos! Bekos[1]!"
6. Quibus verbis dictis minister providit, ut nuntius ad regem mitteretur.

Der Bote meldete dem König den Verlauf des Experiments. Schließlich stellte sich heraus, dass „Bekos" das phrygische Wort für „Brot" ist. Daraus schloss der König, dass die phrygische Sprache die älteste Sprache ist und dass die Phryger das älteste Volk sind.

B Zusätzliche Aufgaben

1. Übersetze die folgenden Ablativi absoluti mit einem Präpositionalausdruck. (5 BE)

   a) nullo resistente
   b) Psammeticho regente
   c) spe sublata
   d) certaminibus confectis
   e) civibus invitis

[1] **Bekos:** *Das Wort wird nicht übersetzt.*

2. Setze die Partizipialausdrücke in den Ablativ
und übersetze dann mit einem Temporalsatz. (6 BE)

a) hiems iniens b) femina laborans c) omina comperta

3. Bilde das Partizip Futur Aktiv im Nominativ Singular Maskulinum
zu folgenden Infinitiven. (4 BE)

a) invadere b) vincere c) decedere d) obicere

4. Nenne das den Fremdwörtern zugrunde liegende lateinische Wort
und übersetze dieses. (3 BE)

a) Repertoire b) Konsistenz c) Veto

5. Erkläre, was die Redensart „Eulen nach Athen tragen" bedeutet. (2 BE)

6. Ergänze den unvollständigen Stammbaum der Familie des Ödipus. (4 BE)

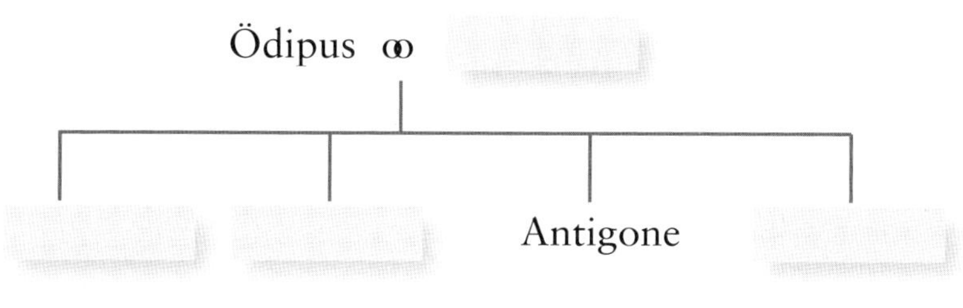

Umfang: 74 lat. Wörter + 24 BE

A Julian Apostata

Kaiser Julian (332-363 n.Chr.), genannt Apostata („der Abtrünnige“), der Anhänger der traditionellen Götterlehre war, musste zur Sicherung des Römischen Reiches immer wieder Kriege führen.

1. Imperator Iulianus censuit studio philosophiae antiquae opus esse, sed ei non diu licuit se litteris dare, cum hostes a finibus imperii prohibere cogeretur.
2. Persis[1] Romanis bellum inferentibus ille peritus dicendi animos militum magna cum eloquentia incendit:
3. „Ne metus vos invadat, quamvis in summo discrimine simus! Nam hostes fuga salutem petent, propterea quod eos exstinguendi cupidi sumus.
4. Velim in copias gladiis telisque instructas ruatis! Parati ad pugnandum fortiter in aciem procedamus!“
5. Postquam imperator Persas[1] temptavit, telo vulnus grave accepit.

Infolge dieser Verwundung starb Julian 363 n.Chr. auf dem Feldzug gegen die Perser.

B Zusätzliche Aufgaben

1. Übersetze die folgenden Wünsche von Julians Frau Helena. (6 BE)

   Helena sorgt sich um ihren Mann, der in Gallien gegen die Alemannen kämpft.

   a) „Coniunx semper salutem suam respiciat!
   b) Utinam se recipere malit quam pericula subire!
   c) Utinam ne in Galliam pervenisset!“

---

[1] **Persae, -ārum** *m Pl. die Perser*

2. Übersetze folgende Sätze. (4 BE)

Aus dem Bericht eines römischen Gutsverwalters:

a) Fures consilium boves rapiendi inierunt.
b) Etiam statuas e tecto sustulerunt.

3. Übersetze die folgenden Verbformen. (5 BE)

a) fers
b) afferetur
c) referebantur
d) infertis
e) perlata erant

4. Wähle aus den folgenden Subjunktionen diejenigen aus, die einen Konzessivsatz einleiten können. (3 BE)

quoniam – postquam – quamquam – quamvis – quia

dum – cum – donec – quod – priusquam

5. Nenne zu den unterstrichenen Fachbegriffen aus einem Lehrbuch der Medizin das zugrunde liegende lateinische Wort und gib seine deutsche Bedeutung an. (3 BE)

Unter der Koronarre<u>serve</u> versteht man die <u>Differenz</u> zwischen der <u>maximalen</u> O_2-Menge und dem tatsächlichen O_2-Verbrauch.

6. Erkläre, inwiefern sich Karl der Große Verdienste um das Bildungsniveau seines Volkes erwarb. (3 BE)

Umfang: 78 lat. Wörter + 24 BE

23. Prüfungsaufgabe

A Kaiser Konstantin

312 n.Chr. kämpften Maxentius und Konstantin um die Vorherrschaft. Die Schlacht an der Milvischen Brücke entschied auch über das weitere Schicksal des Christentums in Rom. Konstantin kämpfte nämlich mit dem Zeichen des Kreuzes.

1. Scriptores antiqui referunt plures imperatores Christianis[1] iniuriam intulisse.
2. Nam plerique Christiani[1] sacra neglegentes in summo discrimine fuerunt, dum Constantinus animum suum convertit, cum Maxentius ei bellum inferret.
3. Constantinus enim timens, ne exercitus suus superaretur, spem non in superis posuit, sed in Christo[2], quia signum Dei in somno viderat.
4. Quare milites postero die his fere verbis appellavit:
5. „Utinam Maxentio victoriam auxilio divino eripiam! Adversarii fuga salutem petant!"
6. Tum milites sine ulla mora ad aciem processerunt.

Silbermedaillon mit dem Porträt Kaiser Konstantins, um 315 n.Chr. entstanden. Am Helmbusch des Kaisers ist das Christusmonogramm zu sehen.

B Zusätzliche Aufgaben

1. Übersetze folgende Wendungen. Beachte den Kasus des Gerundiums. (6 BE)

a) leges neglegendo	d) cupidus procedendi
b) facultas effugiendi	e) licentia bibendi
c) ars dicendi	f) tacendo

[1] Chrīstiānī, -ōrum *m Pl. die Christen* – [2] Chrīstus *(Jesus) Christus*

2. Übersetze die Wendungen und beachte den Modus. (5 BE)

Die folgenden lateinischen Sätze schwirren durch das Klassenzimmer:

a) Officia praestemus!
b) Utinam magistris pareas!
c) Quod di bene vertant!
d) Utinam multas linguas didicissetis!
e) Audiatur et altera pars!

3. Übersetze die folgenden Sätze, die indirekte Fragen enthalten. (3 BE)

Unter Freunden:

a) Narrate, quando domum redieritis.
b) Nescio, utrum amicis auxilio venias an domi maneas.

4. Gib die Bedeutung der folgenden Komposita von ferre an. (3 BE)

a) perferre b) afferre c) inferre

5. a) Ergänze die Liste der ersten römischen Kaiser in der richtigen Reihenfolge. (3 BE)

Augustus				Nero

b) Erkläre den Begriff „Soldatenkaiser". (2 BE)

6. Gib an, was man unter einer „Pfalz" versteht. (2 BE)

Umfang: 74 lat. Wörter + 24 BE

A Auf wen ist Verlass?

Ein König ist in Schwierigkeiten und bittet seine verheirateten Töchter um Hilfe.

1. Rex, cui tres filiae erant, in summo discrimine fuit, quia clade gravi affectus erat, cum hostes ei bellum intulissent.
2. Cum legatos ad filias misisset sperans eas sibi auxilium laturas esse, solae filiae tertiae voluntas patrem iuvandi fuit.
3. Brevi tempore legati regi haec rettulerunt: „Ne de salute desperaveris! A filia tua tibi facultas datur hanc iniuriam vindicandi.
4. Nam iussu filiae tuae plerique milites telis instructi tibi praesidia erunt!“
5. Quo nuntio allato rex gaudio commotus filiam laudavit.

B Zusätzliche Aufgaben

1. Übersetze die folgenden Wendungen. (6 BE)

   Nach gewonnener Schlacht lässt die Tochter dem Vater per Boten ausrichten:

   a) „Milites fortes ad pugnandum parati fuerunt, ut promiseram.
   b) Nam consilium patriam defendendi ceperam.
   c) Nunc tempus est superis gratias agendi.“

2. Wähle die vier Formen aus, die nicht eindeutig Konjunktiv sind. (4 BE)

   videas – suscipiam – agatur – perspexerimus – nuntiem
   ostenderetur – redeant – egeris – rexissent – veniam – conduceretis –
   nesciant – audiatur – affuero – motus sis – abeant

3. Erkläre, warum der Frankenkönig Karl Kaiser der Römer wurde. (4 BE)

4. Nenne den „Störenfried". (3 BE)

a) censere – existimare – celere – putare
b) num – nam – quid – nonne
c) corpora – officia – fuga – scelera

5. Leite die unterstrichenen Wörter in den folgenden italienischen Sätzen von den zugrunde liegenden lateinischen Wörtern ab und gib deren deutsche Bedeutung an. (4 BE)

Senti, Mamma, ho fame. Spero che tu abbia fatto la spesa.

6. Ergänze den Lückentext. (3 BE)

Um das riesige Gebiet des Römischen Reiches optimal verwalten zu können, teilte Kaiser Diokletian sich das Imperium mit seinen drei Mitkaisern Maximian, Galerius und Constantius. Entsprechend der Zahl der Herrscher nannte man sie ? . Doch unter ihren Nachfolgern kam es zu Machtstreitigkeiten. So schaltete Constantinus seine Konkurrenten, z.B. ? , aus und herrschte als einziger Kaiser über das gesamte Reich. Anstelle des alten Byzanz gründete er schließlich 330 n.Chr. das nach ihm benannte ? .

Die vier in Aufgabe 6 genannten Herrscher, Plastik aus dem 4. Jh. n.Chr. Venedig, Markusplatz.

Umfang: 75 lat. Wörter + 24 BE

25. Prüfungsaufgabe

A Tsunami

Am 26. Dezember 2004 brachte ein verheerender Tsunami Unglück über Hunderttausende am Indischen Ozean (Oceanus Indicus). In einer lateinischen Radioreportage wird darüber berichtet.

1. Quemnam fallit, quot homines in terris pulcherrimis otium petant?
2. Etiam eo anno exeunte[1] plurimi homines calamitatis futurae ignari in regiones ad Oceanum Indicum sitas convenerunt se voluptatibus daturi.
3. In litoribus multi liberi in mare insiluerunt[2] neque ullam occasionem ludendi omiserunt.
4. Sed sinus adhuc tutiores se in loca vasta converterunt, postquam propter terrae motum[3] undae montibus simillimae in litora ruerunt et milia hominum miserrimorum oppresserunt.
5. Sero nuntius in regiones finitimas relatus est.

B Zusätzliche Aufgaben

1. Übersetze die folgenden Superlative mit geeigneten deutschen Steigerungsformen. (4 BE)

   In einem anderen Bericht verwendet der Reporter folgende Wendungen:

   a) urbs antiquissima
   b) homines divitissimi
   c) vir firmissimus
   d) undae altissimae

2. Ergänze die Gegensatzpaare. (3 BE)

   a) parvus
   b) nobilis
   c) immortalis

[1] exīre *hier: zu Ende gehen* – [2] īnsilīre *hineinspringen* – [3] terrae mōtus, -ūs *Erdbeben*

3. Setze die in Klammern stehenden Ausdrücke in den Ablativus comparationis und übersetze die Sätze. (4 BE)

   Auch diese Sätze stammen aus einem lateinischen Bericht über den Tsunami.

   a) Nihil indignius est (quam mors crudelis).
   b) Nihil turpius fuit (quam conspectus corporum).

4. Ergänze die fehlenden Steigerungsformen. (4 BE)

a)	sapiens		
b)		melior	
c)			plurimi
d)	malus		

5. Übersetze die folgenden Ausdrücke. Beachte Kasus und Numerus. (3 BE)

   a) equus celerior
   b) muneribus facilioribus
   c) in via angustiore

6. Benenne die folgenden geografischen Angaben mit den heute üblichen Begriffen. (3 BE)

   a) Rhenus
   b) Danuvius
   c) Albis

7. Erkläre, wie es Cäsar gelang, die gallische Festung von Alesia einzunehmen. (3 BE)

Umfang: 72 lat. Wörter + 24 BE

A Land in Sicht

Marcus Tampius erzählt seinen Freunden ein Erlebnis, von dem ihm sein Großvater berichtet hat:

1. „Ab avo iterum atque iterum audivi nautas quosdam labores itineris longissimi suscepisse.
2. Cum mare ignotum transeuntes paene fame perissent, illi denique insulam singularem procul conspexerunt.
3. Neminem fefellit eam insulam pulchriorem plerisque esse.
4. Protinus maximo gaudio commoti insulam miram petere statuerunt cibos accepturi.
5. Praesidiis firmis in sinu relictis nautae celerrime de nave desiluerunt[1], insulam intraverunt, incredibili quadam virtute multa pericula subierunt.
6. Profecto felices non solum cibos, sed etiam ingentes divitias invenerunt."

B Zusätzliche Aufgaben

1. Bilde den Superlativ in Kasus, Genus und Numerus korrekt zu den in Klammern angegebenen Adjektiven und übersetze mit Elativ. (5 BE)

   Folgendes bekamen die Seeleute auf der Insel zu Gesicht:

   Viderunt ? (multi) saxa, animalia ? (ferus), arbores ? (altus), flumina ? (longus), agros ? (latus).

2. Wie Marcus Tampius weißt du über römische Provinzen Bescheid. Beantworte folgende Fragen.

   a) Wie heißt die erste römische Provinz in Gallien? (1 BE)
   b) In welchen Etappen wird die Insel Britannia römische Provinz? (4 BE)

[1] dēsilīre *herabspringen*

3. Übersetze die folgenden Sätze. (6 BE)

Der Großvater von Marcus Tampius erzählte auch Folgendes:

a) „Nautae officia constanter praestiterunt.
b) Quidam viri ceteris virtute praestiterunt.
c) Sed nemo fortior magistro navis fuit.“

4. Ergänze die fehlenden lateinischen Adverbien wie in Klammern angegeben. (3 BE)

Die Freunde von Marcus Tampius loben die Erzählung über diese Inselexpedition:

a) „ ? (ziemlich gut) narravisti.
b) Verba ? (möglichst sorgfältig) delegisti.
c) Fabula ? (sehr heftig) sollicitati sumus.“

5. Setze die fehlenden Formen von quidam ein. (5 BE)

Marcus Tampius kennt auch die Geschichte über den Sänger Arion:

„Scriptores ? narrant Arionem ? de nave ? in mare vastum desiluisse[1]. Nam a viris ? cupidis pecuniae suae oppressus est. Mira ? ratione a delphino[2] servatus est.“

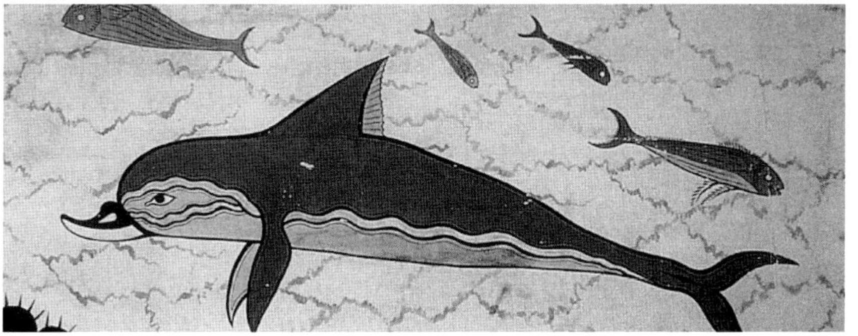

Fresko aus dem Palast von Knossos (Kreta). 15. Jh. v.Chr.

Umfang: 70 lat. Wörter + 24 BE

[1] **dēsilīre** *herabspringen* – [2] **delphīnus** *Delfin*

A Die Griechen – Vorbild in vielen Bereichen

Am Hof des Kaisers Hadrian (Hadriānus 76-138 n.Chr.) lebte der junge Antinoos, den der Kaiser sehr ins Herz geschlossen hatte. Eines Tages unterhielt sich Antinoos nach einer Unterrichtsstunde mit einem seiner Lehrer in Anwesenheit von Hadrian über die Leistungen der Griechen.

1. Aliquando magister quidam contendit neminem cupidiorem litterarum et doctiorem esse quam Hadrianum.
2. Quae verba non probans Antinous primum diutius tacebat, denique magistro acrius haec respondit Hadriano ei aures dante:
3. „Quisnam nescit Hadrianum humanitate ac moribus graviorem esse quam ceteros Romanos, sed Graecos nonnullis virtutibus eum superare? Proinde ne illos neglexeris!
4. Nam illi maxima gloria digni sunt, quia multi philosophi Graeci incredibili quadem sapientia ac singulari ingenio fuerunt."
5. Sic Antinous Graecos laude praeclara sustulit.

B Zusätzliche Aufgaben

1. Setze die fehlenden Superlativformen grammatikalisch korrekt ein. (5 BE)

   a) Quod Hadrianus putavit se ipsum ? (peritus) omnium artium esse, viros ? (doctus) laudavit.

   b) Omnes, qui villam ? (amplus) Hadriani intraverunt, vel ? (magnus) statuas vel imagines ? (pulcher) aspexerunt.

Hadrian und Antinoos. Gemälde aus dem 19. Jh.

2. Übersetze die folgenden Kausalsätze, die zur Beschreibung von Kaiser Hadrian dienen. (3 BE)

Imperator Hadrianus laude dignus fuit, …

a) … quia peritus artium fuit.
b) … quia ignarus scelerum fuit.
c) … quia plurimos labores suscepit.

3. Übersetze den folgenden Satz. (4 BE)

Nach einem kleinen Streit mit Kaiser Hadrian denkt Antinoos:

Hadrianus putat se sapientiorem omnibus esse, quod legiones firmas habet.

4. Vervollständige die folgenden Aussagen über Hadrian, indem du die fehlenden Wendungen mit Gerundium ergänzt. (6 BE)

a) Hadrianus peritus ? (res publica; regere) fuit.
b) Imperator occasionem ? (virtus; petere) non omisit.
c) His de causis ? (leges; conservare) cupidus fuit.

5. Hadrian ist weit gereist, auch in Britannien hielt er sich auf. Identifiziere die unterstrichenen Bestandteile, die in folgenden englischen Städtenamen enthalten sind, führe sie auf das Lateinische zurück und gib die deutsche Bedeutung dieser lateinischen Wörter an. (3 BE)

a) *Greenwich*
b) *Portsmouth*
c) *Manchester*

6. Fasse zusammen, welche Überlegungen der Gallier Critognatus seinen in Alesia eingeschlossenen Landsleuten unterbreitet. (3 BE)

Umfang: 73 lat. Wörter + 24 BE

A Die Germanen verbreiten Angst und Schrecken

Der Germanenfürst Ariovist war über den Rhein nach Gallien vorgedrungen und hatte die dort wohnenden gallischen Stämme bedrängt. Die Hoffnungen der Gallier ruhten nun allein auf dem erfolgreichen Feldherrn Cäsar.

1. Scriptores quidam tradunt Germanos incredibili quadam virtute maxima pericula subisse.
2. Etiam Caesar ratus est se eos non celerrime caesurum esse.
3. Nam dum ille in Gallia versatur, complures legati Gallorum ad illum convenerunt veriti, ne Germani in omnes Gallos impetum facerent.
4. Qui cum arbitrarentur solum Caesarem se tueri et Germanos in fugam vertere posse, ille cum equitibus profectus est persecuturus Germanos Gallos finitimos aggredientes.
5. Quamobrem milites his verbis hortatus est: „Numquam patiemur hostes dolo usos e sedibus suis egredi.“

Deutsche Geschichte. Nr. 1.

Gez. v. P. J. N. Geiger. Verlag von Gustav Weise in Stuttgart.

Cäsar und Ariovist.

(Seite 10.)

B Zusätzliche Aufgaben

1. Übersetze die Sätze und ersetze dann die unterstrichenen Formen im lateinischen Text durch bedeutungsähnliche Deponentia in der korrekten Form. (9 BE)

   a) Caesar <u>putavit</u> legiones suas Germanos subigere.
   b) Sed paulo post <u>timebat</u>, ne Germani fortiores essent.
   c) Itaque milites <u>monebat</u>, ut vestigia hostium sequerentur.

2. Nenne den „Störenfried". (2 BE)

   a) tacere – tuere – sequere – verere
   b) sequeris – loqueris – egrederis – moneris

3. Ergänze jeweils den richtigen Kasus und übersetze. (8 BE)

   a) Utinam ? (consilium bonum, Sg.) utaris!
   b) Omnes ? (imperium, Pl.) sequantur!
   c) Ne oblitus sis ? (officium, Pl.)!
   d) ? (cura, Pl.) questi sumus.

4. Nenne drei Informationen, die über das Leben Sapphos bekannt sind. (3 BE)

5. Erkläre, was man unter Hellenismus versteht. (2 BE)

Abb. links:
Cäsar und Ariovist. Unterredung vor der Schlacht.
Holzstich von Johann Nepomuk Geiger, 1873.
Berlin, Sammlung Archiv für Kunst und Geschichte.

Umfang: 78 lat. Wörter + 24 BE

A Griechen gegen Perser

In der Schlacht bei Marathon (490 v. Chr.) war den Griechen ein großer Sieg gegen die Perser gelungen. Zehn Jahre später griffen die Perser Griechenland erneut an. Der Athener Themistokles (Themistoclēs, -is) zeigte sich dabei als kluger Feldherr.

1. Constat Graecos Persas[1] ad Marathona[2] vicisse.
2. Quamobrem Xerxes[3], qui illius pugnae oblitus non erat, statuit cum ingenti exercitu in Graeciam proficisci et omnes Graecos odio persequi.
3. Cum Persae[1] totam fere Graeciam subegissent et Graeci ad proelium non iam moveri possent, Themistocles in re publica versans milites his verbis hortatus est:
4. „Ne calamitatem civitatum questi sitis! Nam deis auctoribus patriam a periculo premente tuebimur, ut libertatem perpetuam consequamur.
5. Itaque summa virtute utentes hostes aggrediamur, ut Persae[1] multa vulnera patiantur!“

Tatsächlich besiegten die Griechen in der Seeschlacht von Salamis (480 v. Chr.) die Perser erneut.

B Zusätzliche Aufgaben

1. Setze die grammatikalisch korrekten Formen der angegebenen Verben ein. (4 BE)

   a) Persae[1] ante muros ? (PPA von versari) parati sunt ad ? (Gerundium von aggredi).
   b) ? (1. Pers. Pl. Ind. Präs. von vereri), ne hostes urbem ? (3. Pers. Pl. Präs. von ingredi).

[1] Persae, -ārum *m Pl. die Perser* – [2] Marathōn, -ōnis *m Marathon (Dorf in Attika)* – [3] Xerxēs, is *m* Xerxes *(Perserkönig)*

2. Übersetze die folgenden Sätze. (9 BE)

   a) Nil novi sub sole.
   b) Quid consilii cepisti?
   c) Plurimum laboris in litteris consumpsi.
   d) Quis vestrum irascitur?
   e) Multumne temporis loquendi habes?

3. Erkläre die folgenden Fremdwörter und gib jeweils das zugrunde liegende lateinische Wort an. (3 BE)

   a) Colloquium b) Querulant c) Sequenz

4. Bilde die entsprechenden Formen von hortari. (3 BE)

   a) ad monendum b) monentes c) monuisti

5. Gib zwei Stilmittel an, die in folgendem Satz verwendet sind. (2 BE)

   Themistocles nihil timuit, multa egit, plurima cogitavit.

6. Wie lässt sich der Expansionsdrang Alexanders des Großen erklären? (3 BE)

Umfang: 78 lat. Wörter + 24 BE

Alexanders Badeunfall

Der Makedone Alexander der Große (356-323 v.Chr.) ist als Eroberer bekannt, der auf seinem Feldzug mit seinem Heer schließlich bis nach Indien gelangte.

1. Longo itinere facto Alexander aliquando corpus in flumine recreabat, cum repente vires suas perdidit.
2. Quare amici regem in tabernaculum[1] tulerunt et medicos in castris versantes arcessiverunt veriti, ne Alexander de vita decederet.
3. Gemitu ceterorum perturbatus unus ex amicis haec locutus est: „Graecia subiecta Alexander nobis confessus est se contra Persas[2] profecturum esse.
4. Regi polliciti sumus nos eum ad fines orbis terrarum secuturos esse.
5. Sed quomodo copias hostium vincemus, si Alexander occiderit?"
6. Postridie Alexander oculos aperuit et ex amicis querentibus quaesivit, quamobrem tristes lectum circumstarent[3].
7. Paulo post amici frustra regem hortabantur, ut quiesceret et valetudini suae parceret.

Abb. rechts:
Durch seine Eroberungszüge bis weit in den asiatischen Raum hinein ist Alexander der Große auch im Orient – bis auf den heutigen Tag – eine sagenumwobene Figur. Auf dieser islamischen Miniatur aus dem 16. Jh. ist Alexander auf seinem Lieblingspferd Boukephalos dargestellt.

[1] **tabernāculum** *(Feldherrn-)Zelt* – [2] **Persae, -ārum** *m Pl. die Perser* – [3] **circum-stāre:** *Erschließe das Kompositum von stāre.*

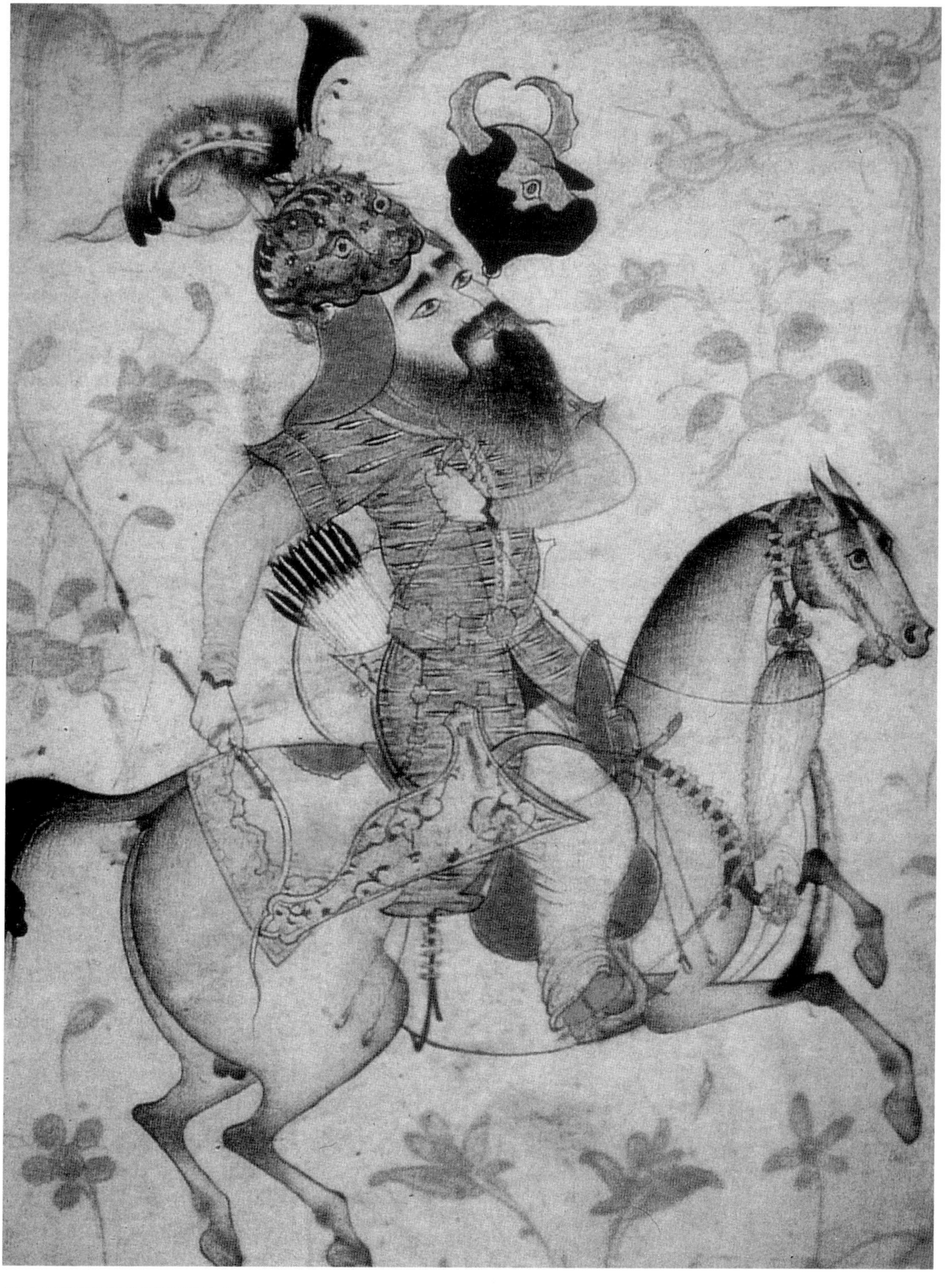

Umfang: 96 lat. Wörter

31. Prüfungsaufgabe

A Der Zensor Cato – ein besorgter Vater

M. Porcius Cato (234-149 v. Chr.), der sich militärisch vor allem im zweiten Punischen Krieg bewährte, war ein erfolgreicher Politiker und sittenstrenger Zensor (184 v. Chr.). Diese Strenge legte er auch zu Hause an den Tag. Für seinen Sohn Markus schrieb er sogar eine Art Enzyklopädie über Themen wie Medizin und Redekunst.

1. Longum est narrare, quantam diligentiam Cato[1] in cogitando et agendo praestiterit.
2. Nemo dubitat, quin bellis confectis ille filium optime educaverit.
3. Nam Cato[1] eum impulit ad recte se gerendum.
4. Itaque ille consuetudinum veterum memor filio haec praecepit: „Te obsecro, ut me vivo id studeas, ut summa virtute sis.
5. Quidquid honestum ac iustum videtur, tecum deliberes et diligenter discendo memoria teneas!
6. Quo plura a viris doctis audiveris, eo magis idoneus eris ad res gestas maiorum imitandas."

B Zusätzliche Aufgaben

1. Ergänze die in Klammern angegebenen Pronomina in der grammatikalisch korrekten Form. (5 BE)

   a) A scriptoribus ? (quidam) Romanis comperimus Catonem[1] ? (quicumque) ratione studuisse ad rem publicam accedere.
   b) ? (Quicumque) librum a Catone[1] de ? (aliqui) rebus rusticis scriptum legit, multa discit.
   c) Vix ? (quisquam) contingat, ut omnes libros a Catone[1] „Origines" appellatos cognoscat.

---

[1] **Catō, -ōnis** *m M. Porcius Cato (234-149 v. Chr.)*

2. Übersetze die folgenden Ablativi absoluti mit einem Präpositionalausdruck. (6 BE)

   a) captivis deductis
   b) militibus proficiscentibus
   c) legato emisso

3. Erschließe die deutsche Bedeutung der folgenden lateinischen Substantive. (5 BE)

   a) altitudo
   b) neglegentia
   c) brevitas
   d) inscientia
   e) levitas

4. Gib die Bedeutung der folgenden Fremdwörter an und nenne das zugrunde liegende lateinische Wort. (5 BE)

   a) exakt
   b) Orient
   c) Präferenz
   d) Visite
   e) Progression

5. Nenne stichpunktartig die drei Stufen des „Schulsystems", das sich zur Zeit Quintilians herausgebildet hatte. (3 BE)

Umfang: 74 lat. Wörter + 24 BE

A Gefahr für die römische Jugend?

155 v.Chr. hielten sich die griechischen Philosophen Karneades, Diogenes und Kritolaos in Rom auf.

1. M. Claudio Marcello[1] consule Athenienses tres philosophos nobilissimos Romam miserunt.
2. Dum legatio in urbe versatur, quidam suspicati sunt Carneadem[2] philosophum animos adulescentium incredibili vi dicendi corrumpere.
3. Nam senatoribus audientibus ille primum iustitiam omnibus rebus praetulit – facta iusta magna cum eloquentia laudando; sed postridie adversa contendit.
4. Deinde Cato[3] opinans istas orationes iuventuti non prodesse philosophos Roma expelli cupiebat.
5. Itaque senatores his verbis obsecravit: „Quis dubitet, quin Carneades[2] filios nostros exemplo malo ad iniuriam faciendam impellat?"

Tatsächlich wurden die Philosophen durch einen Senatsbeschluss aus Rom ausgewiesen.

B Zusätzliche Aufgaben

1. Übersetze die folgenden Buchtitel, die sich in einer römischen Bibliothek befinden könnten, in der Art des vorgegebenen Beispiels mit Hilfe einer Gerundivkonstruktion ins Lateinische. (6 BE)

a) die Pflege von Kindern → de liberis curandis
b) die Auswahl von Freunden → de
c) das Streben nach Tugend → de
d) der Erwerb von Ruhm → de

---

[1] **M. Claudius Mārcellus** *M. Claudius Marcellus (155 v.Chr. zum zweiten Mal Konsul)* – [2] **Carneadēs, -is** *m Karneades (griechischer Philosoph, 214-129 v.Chr.)* – [3] **Catō, -ōnis** *m M. Porcius Cato (234-149 v.Chr.)*

2. Bestimme die Bedeutung des verwendeten Konjunktivs. (3 BE)

   a) Quid nunc faciam?
   b) Ne tacueris!
   c) Vix quisquam putet liberos vitia mirari.

3. Wähle aus den folgenden Verbformen diejenigen aus, die von Deponentien gebildet sind. (3 BE)

   a) viserunt
   b) constituas
   c) oritur
   d) exegeris
   e) fatendo
   f) adiungenti
   g) deduxeritis
   h) deliberantes
   i) progressi sunt

4. Verwandle die Gerund- in Gerundivkonstruktionen. (2 BE)

   a) occasio auxilium ferendi
   b) exemplum praebendo

5. Notiere zu jedem italienischen Wort das lateinische, aus dem es entstanden ist, und gib (mindestens) eine deutsche Bedeutung des lateinischen Wortes an. (4 BE)

   a) *peccato*
   b) *pregare*
   c) *cosa*
   d) *fuori*

6. Erkläre, was man unter Humanismus versteht. (3 BE)

7. Nenne stichpunktartig drei Gründe, die nach Quintilian dafür sprechen, die Kinder in die Schule statt zum Einzelunterricht bei einem Privatlehrer zu schicken. (3 BE)

Umfang: 74 lat. Wörter + 24 BE

A Schule – mehr Last als Lust?

Wie zu Quintilians Zeiten ruft auch heute Schule zwiespältige Gefühle hervor.

1. Multi discipuli scholam non libenter petunt, quia opinantur nimios labores ferendos esse.
2. Itaque liberi saepe queruntur se et linguas diversas discendo et litteris studendo a voluptatibus prohiberi; nam coacti sunt tempus consumere in multis libris, quos magistri eis legendos dant.
3. Iterum atque iterum discipuli ad praeceptores docendi peritos veniunt interrogaturi, quidquid non intellegunt.
4. Igitur praeceptoribus constanter consulendum est, ne liberi officia neglegant.
5. Etiam parentibus curandum est, ut discipuli laude excitentur ad vitia vitanda.

B Zusätzliche Aufgaben

1. Setze die passende Gerundform ein. (4 BE)
   quiescendi – ambulando – legendo – vivendi

   Ein römischer Arzt, der das Motto „Mens sana[1] in corpore sano[1]“ vertritt, rät Folgendes:

   Cuicumque est voluntas sane[1] ? , corpus ? exerceat! Praeterea ille occasione nonnullas horas ? utatur! Postremo studeat, ut non solum corpus, sed etiam animum exerceat libros ? !

2. Schüler aus dem antiken Rom fürchten sich vor einem strengen Lehrer. Übersetze ihre Gedanken ins Deutsche. (6 BE)

   a) Utinam, dei optimi, nos servetis!
   b) Quid fingamus, ut poenas vitemus?
   c) Oportuit nos diligenter discere.

---

[1] sānus, a, um *gesund*

3. Übersetze folgende Wendungen, wobei du die Gerundivformen treffend als Adjektive wiedergibst. (3 BE)

   a) exempla imitanda
   b) consilium memorandum
   c) locus visendus

4. Übersetze folgende Anweisungen an einen Jugendlichen. (6 BE)

   a) Negotia non differenda sunt.
   b) Inimicis ignoscendum est.
   c) Leges non neglegendae sunt.

5. Erläutere stichpunktartig, welche Ursachen der römische Redner Messalla für den Niedergang von Bildung und Erziehung junger Menschen in der Kaiserzeit sieht. (3 BE)

6. Worum handelt es sich bei den sog. „Dicta Catonis“? (2 BE)

Schulszene. Relief von einem Grabmal aus Neumagen/Mosel. 3. Jh. n.Chr.

Umfang: 71 lat. Wörter + 24 BE

A Diogenes – ein geeigneter Lehrer

Diogenes, der Philosoph aus der Tonne, wird auch als Lehrer geschätzt.

1. Quis nesciat, quemadmodum Diogenes hortando et reprehendendo multis hominibus profuerit?
2. His rebus adductus Xeniades quidam Corinthius[1] Diogeni liberos suos educandos tradidit.
3. Quos ille memor vitae honestae non solum artes diversas, velut artem bene dicendi, sed etiam equitare[2] et tela iactare docuit.
4. Diogenes autem, quia opinabatur valetudinem discipulorum curandam esse, non permittebat, ut corpora eorum nimio labore exercerentur.
5. Praeterea praeceptor sapiens, qui fatebatur se cupidum vitam simplicem agendi omnia sua secum portare, etiam discipulos instituit cibo levi et aqua pura contentos esse.
6. Postremo Diogene auctore liberi didicerunt voluntati parentum parere.

Abb. rechts:
John William Waterhouse: Diogenes. 1882.
Art Gallery of New South Wales, Sydney, Australien.

---

[1] **Corinthius, a, um** *korinthisch, aus Korinth (bedeutende Stadt in Griechenland)* – [2] **equitāre:** *Leite das Verb von equus ab.*

Umfang: 89 lat. Wörter